ちくま新書

結婚の社会学

阪井裕一郎
Sakai Yuichiro

1789

結婚の社会学【目次】

序章　「結婚」を疑う

1　結婚の「常識」を疑う

有名な「なぞなぞ」から話を始めます。

ある父親が息子を車にのせて運転中、交通事故に遭いました。父親は即死、子どもは重傷を負って病院に運ばれました。しかし、手術を担当することになった外科医は子どもを見たとたん執刀を拒否し、こう言いました。「この患者は自分の息子だから、手術をすることができない」子どもと外科医の関係はどのようなものでしょうか？

いかがでしょうか。簡単だと思う人もいるかもしれませんが、あれこれ悩んでいる人もいるのではないでしょうか。

もしあなたが「父親が二人？」と戸惑ってしまったとすれば、出題者の意図どおりにひっかかってしまったことになります。なぞなぞの答えは、「外科医は母親」になります。

コロンブスの卵のようななぞなぞですが、あなたが答えを導き出せなかったとすれば、それはステレオタイプの作用です。つまり、「外科医」という単語を聞いたとき、私たちの多くは条件反射的に男性をイメージしています。

外科医に限らず、ほかにもこれは私自身が実際に陥ってしまった例ですが、「ヘビースモーカーの大学教授」と聞けば男性をイメージするなど、いろいろなパターンをあげることができるでしょう。

これは特に「ジェンダー・ステレオタイプ」と呼ばれるものです。このようなステレオタイプが、われわれの自由な思考や発想を妨《さまた》げています。ステレオタイプはいわば、われわれの想像力の可動域を狭《せば》める作用を持っているのです。

ただ、ここではさらに一歩踏み込んでみましょう。

このなぞなぞの正解は、実は現代では通用しないかもしれません。もしあなたが、「答えはお父さんでもよいのでは？」と思ったのなら、実はそのとおりといえます。

あとの章で詳しく見ていきますが、２０００年代に入って以降、世界の多くの国で「同性婚」が認められています。

現在では、先進諸国を中心に30以上の国と地域で、レズビアンカップルやゲイカップルが男女カップルとまったく同等に法律的に結婚し、子育てをしています。つまり、法律上の父親が二人いる子どもは世界中に存在しているのです。

そういう意味では、「外科医は母親である」というなぞなぞの答えそれ自体が、男女の異性愛カップルによる婚姻制度を前提としたものとも言えます。

つまり、この有名ななぞなぞ自体が、結婚は一対の男女によるものだというステレオタイプに縛られたものだったわけです。

†常識を疑うのが社会学

唐突にステレオタイプについて述べましたが、本書の基本的な姿勢は、「結婚をめぐる常識を疑う」というものです。

「社会学とは何か?」に対する回答はさまざまです。簡潔に述べるのは難しいのですが、ここでは社会のあり方や人間の行動を解明するために常識を疑うのが社会学である、とざっくり定義しておきます。

ここでいう常識とは、いわゆるマナーとか社会常識という意味ではなく、われわれの頭のなかにある当たり前や通説と言い換えられるものです。このような常識から抜け出して考え、新たな発見を目指すのが社会学だと言っておきましょう。

ステレオタイプという概念を提唱し精緻化した、ウォルター・リップマンの議論を手がかりにしてみます。リップマンは、厳密には社会学者ではありませんが、彼が著書『世論』（原著1922）で提示したステレオタイプの議論は本書の鍵となるので、ここからスタートしたいと思います。

リップマンは、同書で「人は見てから定義するのではなく、定義してから見るのである」と述べています。これはステレオタイプについての簡潔な説明といえます。

例えば、人が何かを「素晴らしい」と評価するとき、人は何かを見てからそれが「素晴らしい」と定義するというよりも、あらかじめ「素晴らしいものとはこういうものだ」という定義が自分のなかにあって、その定義に従って物事を見て判断しているというのです。

屁理屈みたいに聞こえるかもしれませんが、このような反転した視点で物事を考えることが、社会や人間を考えるうえで大切だと説くのです。

リップマンによれば、人々が事実だと思い込んでいるものの多くは、実は特定のパターンに従って構成され脚色されたものにすぎません。「われわれ

人は定義してから見る
（リップマン）

の置かれている場所、われわれが物を見る目の習慣に左右されて」いるのです。

人々が世界を見る習慣を文化や集団の意識構造のレベルで枠づけているものがステレオタイプです。われわれはあらかじめ自分の頭のなかにある枠組みにしたがって物事を見たり、考えたりしています。

この枠組みを疑って結婚や家族について考えていこうというのが、本書の目的です。結婚をめぐる当たり前を疑い、われわれのステレオタイプを解体しながら、現代の家族や結婚について考えてもらおうという内容になります。

2 個人と社会の関係を問う

もう一点、本書で重視する視点として、「個人と社会の関係を問う」ということをあげておきます。

しばしば、「社会学とは個人と社会の関係を問う学問である」と説明されることがあります。簡単にいえば、社会学はわれわれが個人的なことだと信じていることの社会的な側面を問うことを重視する学問です。

例えば、何を美しいと思うかとか、何に怒りを感じるかといった純粋に個人的なものだと思われている感情についても、深く追求していけば、それは必ずしも生得的なものとはいえず、社会的に形成された部分が浮かび上がってきます。「個人的なもの」と「社会的なもの」の境界を問う、といってもよいでしょう。

†障害の社会モデル

とはいえ、これだけでは具体的なイメージが湧きにくいと思います。

ここでは社会福祉学における、障害の社会モデルという概念を用いて解説してみます。障害の社会モデルは社会学由来の概念ではないのですが、本書の視点や社会学の立場を説明するうえで非常に説得力があります。

障害の社会モデルは、障害に関する従来の理解を批判する概念として登場しました。従来の見方では、障害というのは「個人」に属するものであり、障害者というのは「障害を持つ者（個人）」だと理解されてきました。これが「障害の個人モデル」です。

こうした見方への批判として登場したのが、障害というのは、まわりとの相互作用のなかで現れてくる、とする障害の社会モデルです。「障害は社会によって生み出される」という視点から、障害者の社会活動を阻《はば》んでいるのは、さまざまな身体に対応できていない社会の整備状況であるととらえるのです。

このモデルでは、社会には多様な人がいるにもかかわらず、現状の社会がそのことを考慮してないことを問題視し、社会のほうが多様な身体に近づくべきだとします。

例えば、車いす利用者が遭遇する「障害」は、その人の身体的な問題だけで生じているのではなく、周囲の環境によって発生していると考えることができます。車いす利用者は、階段のように立って歩くことが求められる状況で「障害」に遭遇します。

これまでは、「立って歩けない」という身体的な制約が障害と把握されていたのですが、階段しかない施設のような社会環境が障害を作り出していると見るわけです。

すなわち、ある身体的な特徴を持った人が当該社会で生活しようとすると、バリア（障壁）に直面してしまう現状がある。

それに対し、さまざまな身体的特徴を持つ人がなるべくこうしたバリアを感じないでよいように社会の設計を変えていくというのが、バリアフリーの発想です。

個人モデルから社会モデルへ

社会モデルと個人モデルのどちらが正しいか間違っているかという話ではありません。

もちろん、個人モデル的に考えなければならない問題もあるでしょう。

しかし、従来個人モデル一辺倒だった見方を見直し、社会モデル的に考えることの重要性を示した点に意義があるのです。

†スタートラインの平等

この見方は、狭義の障害に限らず、さまざまな社会問題を考えるうえで重要になります。

一例をあげるなら、日本では親の離婚を経験したひとり親世帯の子どもの大学進学率は著しく低くなります。厚生労働省の調査によると、2015年の子どもの大学等進学率は、全世帯53・7％に対し、ひとり親家庭23・9％と全世帯の半分程度となっています（「ひとり親家庭等の現状について（平成27年）」）。

統計上では、親の離婚等により子どもの大学進学率に負の影響を及ぼすことが明らかになっているのです。なぜ大学進学率が下がるのか？　教育費が高いからでしょうか？

この問題をどう考えるべきか。

「それは仕方ないことだ。親が離婚したら経済的に苦しくなるのは当然だから」と思う人もいるでしょう。同時に、「子どもがかわいそうだから離婚はすべきではない」と考える人もいるでしょう。

しかし、これは現在の社会を自明な前提として、責任を個人にゆだねる「個人モデル」の考え方だといえます。

世界を見渡せば、大学の学費が無料やそれに近い国が多くあります。

もちろん、大学進学を規定する要因には、経済的要因のほかにも親の価値観や文化的要因などさまざまなものがあるわけですが、少なくとも「お金がないなら大学に行けないのは仕方ない」という発想にはなりにくいのです。

つまり、「お金がないこと」が大学進学のバリアになることは、普遍的な現象とはいえず、社会のあり方に関わっているわけです。

さまざまな境遇の人が直面するバリアをなくすために「社会の側が多様な個人に近づく」という視点も必要です。というのも、個人に責任を押しつけているだけでは問題は何ひとつ解決しないからです。

こういう話をすると、「ある程度は仕方ないだろう」と反論する人も多いのですが、もちろんゼロにするのが不可能であることは百も承知です。しかし、こうした問題を放置しておいてはいけないという考えには多くの人が合意するでしょう。

社会学は少しでもスタートラインを平等に近づけることを目指すものです。親の人生で子の人生が決まってよいのか。「親が親なら子も子だ」などという話で終わってよいのか。

このように問い、社会のあり方をどのように変えるべきかを考えるのです。障害という言葉をより広くとらえるならば、社会学は多様な個人が遭遇するさまざまな障害を社会モデル的に考え、自己責任論を批判する学問だといえます。

本書で扱っていく結婚に関連した問題を考えるときにも、個人的な事柄として当然視されていることの社会的側面を問うていく必要があります。

本書ではさまざまなテーマを扱いますが、全体に通底するのは、このような社会学的な問題意識です。

社会学は自己責任論を批判する学問

3　結婚をめぐる「常識」は変化している

結婚をめぐる常識は日々変化しています。

おそらく若い人たちの多くは、将来自分が結婚して、子どもを持ち、年老いたら孫の面倒を見る……といった人生をなんとなくイメージしているでしょう。

しかし、このような人生は、現実にはもはや当たり前のものとは言えなくなっています。経済協力開発機構（ＯＥＣＤ）のデータベースによれば、１９７０年に生まれた女性の50歳時点での無子率（子どものいない割合）について、日本は27％と先進国で最も高い数値を示しています。

国立社会保障・人口問題研究所は、現在の出生傾向がこのまま続けば、２０００年生まれの女性では、31・6％が生涯子どもを持たないと推計しています。

当然、孫を持つという経験をする人の割合も大幅に減少すると推測されています。孫を持つか否かはおよそ50％の確率ともいわれます。

このように、人生をめぐる「当たり前」は大きく変動しつつあるのです。

常識を疑うために、本書では国際比較、歴史的比較、理論の三つの視点を重視します。各章はこの三点を意識して構成されています。

ここでは、国際比較の視点からひとつ事例をみておきましょう。日本で暮らしている私たちの当たり前がけっして当たり前とはいえないことに気づくには、海外の状況を知ることがひとつの方法です。

†結婚しない人が増えれば子どもが減るのか？

結婚に関連した事例をあげてみます。

日本で少子化の主要因としてあげられるのは、「晩婚化」や「未婚化」です。

たしかに日本の経年データを見れば、平均初婚年齢が上昇し、晩産化傾向が見られ、出生率も低下しています。

結婚しない人が増えたので子どもが減っている――。

おそらく、このような説明を聞いて疑問を覚える人はほとんどいないでしょう。疑いの余地のない「常識」です。

	日本	フランス	イギリス	スウェーデン	ドイツ
女性の平均初婚年齢	29.5 (2020)	32.8 (2017)	31.5 (2015)	34.0 (2018)	31.2 (2017)
第1子出生時の母親の平均年齢	30.9 (2021)	28.9 (2020)	29.1 (2020)	29.7 (2020)	29.9 (2020)
婚外子割合	2.4 (2020)	62.2 (2020)	49.0 (2020)	55.2 (2020)	33.1 (2020)

0-1　結婚・出産をめぐる指標の国際比較（人口動態統計、Eurostat、OECD Family Database をもとに、筆者作成）

しかし、「結婚しない人が増えれば子どもが減る」と言い切ることはできません。というのも、先進国のなかには、婚姻率が低下しているにもかかわらず、出生率が人口置換水準（人口が増減しない均衡した状態となる合計特殊出生率のこと）に近い数値まで回復し安定している国が多くあるからです。

表の0－1を見てください。日本、フランス、イギリス、スウェーデン、ドイツの比較データです。

これを見ると、まず女性の平均初婚年齢は、日本に限らず、出生率が相対的に高い他の国でも比較的高いことがわかります。第1子出生時の母親の平均年齢をみても、日本と他国にそれほど違いはありません。「晩婚化」や「晩産化」が必ずしも少子化の要因とは言えないことがわかります。

興味深いのは、日本以外の国では、平均初婚年齢よりも第1子出生の平均年齢のほうが低いことです。なぜこのようなことになっているのか。

婚外子の割合が、ひとつポイントになります。

このような状況を理解するには、結婚をしないで同居するカップル、すなわち事実婚や同棲の増加に注目する必要があります。

今から10年以上前になりますが、筆者が友人の結婚式に参加したときの話です。新郎新婦はいわゆる「できちゃった婚」でした。新郎の父親がスピーチの際に、「この二人は正しい順番を守らずに結婚に至ってしまったわけですが……」と前置きしたうえで挨拶を述べたことを覚えています。まわりの人は特にだれも気に留めなかったように思いますが、〝正しい順番〟という言葉が妙に記憶に残りました。

「恋愛→結婚→妊娠→出産」というのが〝正しい順番〟である——。おそらく現在でも日本で暮らす多くの人はこのように思っているでしょう。

もちろん、この〝正しい順番〟は少なからず揺らいでいます。近年では結婚より妊娠が先となる「妊娠先行型結婚」の割合が増えていて、特に10代から20代前半までの結婚では過半数を占めています。

とはいっても、このような結婚は今でも否定的に見られがちですし、注目しておかなければならないのは、出産の時点ではほぼすべてのカップルが結婚しているということです。

「子どもは結婚している夫婦から生まれなければならない」（嫡出子でなければならない）という社会規範のことを「嫡出規範」と呼びますが、今なおこの規範が根強く存在しているといえます。

ちなみに、法律では嫡出子／非嫡出子という区別がありますが、嫡出という言葉には「正統」という含意があるため、現在では嫡出子／非嫡出子ではなく、婚内子／婚外子がよりニュートラルな用語として採用される傾向があります。

†婚外子の国際比較

あらためて0－1の「婚外子の割合」を見てください。これは、全出生数のうち「結婚していない親から生まれる子ども」の占める割合のことです。

1990年代以降、欧米の多くの国で家族をめぐって生じた大きな変化のひとつが、婚外同棲カップルの増加でした。

結婚を前提とした同棲だけではなく、結婚の代替としての同棲が一般化しており、欧米諸国では婚姻制度以外の共同生活を保障するさまざまな制度が確立されてきたのです。同時に、出産・子育てが婚姻制度からどんどん分離していきました。

OECD Family Database によれば、2018年時点の婚外出生割合は、日本が2%程度であるのに対し、EU平均、OECD平均ともに40%を超える数値となっています。1990年代後半から、欧米の多くの国で同棲が「結婚の代替」として受容され、法律婚カップルと同等の生活保障を与えられることになったのです。

われわれの常識では、子どもは結婚した夫婦から生まれるものです。しかし、国際比較の視点で見てみると、結婚した夫婦から生まれる子どもがむしろ少数派になっている国さえあるのです。

付け加えていえば、先進国を比較すると、このような国のほうが相対的に出生率が高い傾向もみられます。

もちろん、「婚外子を増やせば出生率が上がる」などと言っているのではありません。

私もさまざまな場で婚外子の話をする機会も多いのですが、たびたび「愛人の子どもを増やすのはちょっと……」という否定的な反応が返ってきます。

現代社会において婚外子を「愛人の子ども」と同一視するというのは海外でも日本でも事実誤認なのですが、それだけ日本にはネガティブなイメージ

結婚した夫婦から生まれる子どもが少数派になっている国もある

が強いことに驚かされます。

†婚外子の増加が意味するもの

では、諸外国における婚外子の増加が意味するのは何か。

それは、パートナー関係や出産をめぐる法制度を見直し、個々人に選択肢を与えることによって、家族形成が促進される可能性が高いということです。

欧州の多くの国で、結婚とは異なる共同生活の選択肢が用意されています。

結婚以外の社会的に保障されたパートナーシップ制度として日本でも有名なのがフランスのPACS（パックス）でしょう。PACSはもともと同性愛カップルの生活を保護する目的で1999年に制定されたものですが、ふたを開けてみれば、男女のカップルも法律婚ではなくPACSを積極的に選択するようになりました。

PACSの特徴のひとつに、性的関係に限定されていないという点があります。つまり、同性であれ異性であれ、友だちとパートナーになることも可能なのです。

こうなると、そもそも「なぜ友だちと家族になっちゃダメなのだろうか？」という疑問も生まれてきますね。しばしば夫婦関係も月日がたてば、「友だちのような関係が理想」

と言われたりします。

実際ある日本の調査では、理想の夫婦第一位は「親友型夫婦」という結果も出ています。「それなら最初から友だち同士でもいいのでは？」という疑問があってもおかしくはないでしょう（この点についてはまた本書の後半で触れていきます）。

近年は、ＬＧＢＴという概念の普及にとどまらず、アセクシュアルやアロマンティックといった、ＬＧＢＴの枠組みにおさまらないさまざまなセクシュアル・マイノリティの存在が社会的に認知されてきています。

恋愛や性的関係を持たないと結婚できず、家族を作れないという現在の社会では、こうした当事者たちは法的・社会的に認められた関係を築くことができません。「なぜ結婚には恋愛や性的関係が不可欠だとされているのだろうか？　なくてもよいのでは？」という疑問が生まれても不思議ではないでしょう。

セクシュアル・マイノリティに限った話ではありません。

近年では、「選択的シングル」という概念も注目されています。主体的にシングルとして子育てを実施する女性も増えています。

例えばオランダには、Bewust Ongehucode Moeder（主体的に非婚を選択した母親）というシングルマザーのコミュニティがあり、「子どもは欲しいけれどもパートナーはいらない」という女性たちがお互いに情報交換したり、助け合ったりする仕組みがあります。このコミュニティのサポートを得て、子育てしている母親が多くいるというのです（西村道子「世界の結婚と家族のカタチVOL.2：多様な家族のカタチを受け止める寛容な国——オランダ」）。

「なるほど！」と思った人もいるのではないかと思います。しかし、こうした疑問がこれまで一度も生じたことがなかったとすれば、先に述べたステレオタイプの作用だと言えるでしょう。

ますます人々の多様なニーズやジェンダー、セクシュアリティが顕在化している今日の社会では、パートナーシップや共同生活、協力関係のあり方を常識的な枠組みから離れて考えていくことが必要になっているのです。

4　あらためて「常識」を疑うことの意義とは？

以上みてきたように、結婚の常識を疑うというのが本書に通底する問題意識となります。それは絶対的とされているものを相対化する作業であり、そのうえで新たな社会や生き方を構想していくものです。

個人、あるいは社会がとらわれている常識から自由になることによって、停滞した状況を打破するための新しい思考や構想が芽生えます。

これは学問に限らず、成功するマーケッターもそうだと思います。ステレオタイプの枠をこえることで新たなビジネスチャンスが生まれます。

以前私は某所で、事実婚を中心とした「多様な家族」をテーマにした講演を依頼されました。小規模なものでしたが、オーディエンスは不動産関係や旅行会社、ウェディング会社の方々でした。正直、なぜこの場に自分が呼ばれてこんな話をするのか、当初は少し場違いな気がして戸惑っていました。

しかし、講演後に企業の方々とお話ししていて気づかされました。

不動産会社や旅行会社は、従来の結婚や「ふつうの家族」を前提としたビジネスでは、マーケットがどんどん縮小する状況にあるというのです。未婚化が進むなかで、ウェディング産業も従来のやり方では市場規模が縮小していく現状にある。

事実婚をはじめ、同性パートナー関係やシェアハウジングといった多様化する家族や共同生活を把握することが、ビジネスの世界でも重要だというわけです。企業も従来の標準とされた家族のみをターゲットにしたビジネスの限界に気づき、多様な関係性に目を向けた取り組みを始めているのです。

現実はすでに大きく変化しつつあるなかで、否応なく社会のしくみを転換せざるをえない状況だといえるでしょう。

あらためて、常識を疑うことの意義を整理しましょう。

常識を疑うことは、マクロなレベルでは、社会の「別のあり方」「よりよき社会」を考えるためのツールになるということです。

そして、ミクロなレベルでは、ひとりひとりの個人が抱えている苦悩や不安の原因を知り、生き方の技法を示すという意義があると思います。

子育てに悩んでいる個人、暴力に悩んでいる個人……。多くの人が「自分のせい」「自分だけ」と思い詰めている問題が、実は社会的な問題であるということに気づくのはきわめて大事なことであり、社会学にはそれを示す責務があると思っています。

大学の講義でたびたび話します。「例えばもし20年後の講義で、私が「昔は日本では同性婚は認められてなかったんだよ」と話したら、未来の学生たちが驚くかもしれない。きっとそういうことはたくさんあるはず」と。

次の章では、「結婚の歴史」を見ていきます。きっと現代の視点からは驚くことが多くあると思います。結婚をめぐる常識は日々変わっているのです。

*

本書の構成について、簡単に述べておきます。

第1章「結婚の近代史」と第2章「結婚の現代史」では、明治時代以降の日本における結婚の歴史を概観していきます。

社会学という言葉をつくったオーギュスト・コントに、「予見するために観る」という有名な言葉があります。彼は、歴史を適切に観察することこそが、未来を構想するための土台になるといいます。本書もそのような意図から、歴史を観察することから出発していきます。

続く、第3章「離婚と再婚」、第4章「事実婚と夫婦別姓」、第5章「セクシュアル・マイノリティと結婚」は、現在、そしてこれからの多様な結婚・家族を理解するうえで私が重要だと考えたトピックを扱っています。

ただし、お読みいただければ、これらのテーマがけっしてマイノリティのみに関わる問題ではないことに気づかされると思います。マイノリティとされている人々が直面する問題を丁寧に読み解くことが、マジョリティとされる人々の結婚や家族のあり方を問いなおすことにつながります。

本書は「結婚の社会学」と銘打たれてはいますが、当然ながら、結婚の社会学研究が対象とするすべてのエッセンスを網羅しているわけではありません。

私はこれまで、主に仲人についての歴史社会学研究、そして、事実婚をはじめとする多様なパートナー関係についての調査研究を進めてきたので、本書の構成や内容も私の専門領域に偏ったものになっています。

また、入門書的な内容である本書は、各章のテーマについて必ずしも十分に論じきれていない部分が多くあります。

本書が参照している先達《せんだつ》の研究を含め、より詳しく知りたい読者のために巻末に「読書案内」を掲載しました。案内を通して、みなさんがさまざまな書籍にふれてくれることを期待します。

最後に、あらかじめ述べておきたいのは、本書は少子化対策について論じた書ではないということです。

そもそも私が少子化を専門に研究しているわけではないことがその理由のひとつですが、結婚に関わる多様性やジェンダー平等といったテーマは、少子化問題とは離れて語られなければならない、というのが私の基本的なスタンスだからでもあります。

近年、多様性やジェンダーに関する話題は、しばしば「それは少子化対策として有効かどうか」という価値基準で判定されてしまう傾向もあるように思います。

もちろん、少子化は重要な社会問題ですし、本書でも随所で触れてはいますが、やや意図的に少子化対策には言及しないことにしました。

私が大学の講義の際に思うのは、「授業の前と後で世の中の景色が少し違って見える」、そんな授業内容にできれば、ということです。

本書もそのような思いで書かれています。読み終わったあと、みなさんの結婚の見え方や語り方が今までとは少しでも違ったものになること、さらに、少子化問題も含めて、結婚や家族をめぐる議論の枠組みが少しでも違ったものになることを願っています。

第1章

結婚の近代史

1　歴史を見る

本章では結婚を歴史的な視点からみていきます。

恋愛や結婚は純粋に個人的な行為と思われがちですが、恋愛や結婚をめぐる個人の感情は社会的につくられる側面が大きく、社会構造と関連づけて考えることは重要です。

現代であれば、多くの人が「好きでもない人と結婚するなんてありえない」と考えるでしょう。

しかし、歴史を振りかえれば、恋愛結婚が「野合《やごう》」や「畜生婚」などと呼ばれ、非常識なことだとされた時代も長く存在していました。

恋愛を経て結婚するような人間は蔑《さげす》まれ、まともな家の人間なら「見合い」を経て結婚をすると考えられていた時代もあります。

フランスの作家マルセル・プルーストの有名な言葉に、「安定は愛を殺し、不安は愛をかきたてる」があります（『失われた時を求めて』）。彼に言わせれば、そもそも恋愛の本質は不安定な点にあります。

安定してしまえば恋愛の感情は消滅してしまう。つまり、安定を志向する結婚制度というのは、その本質からして恋愛とは相いれないものだ、というのがプルーストの言葉の意味するところです。

プルーストには、「欲する心にはすべてを開花させる力がある。所有したという事実はすべてをしぼませ枯らしてしまう」という有名な言葉もあります。

みなさんがこの言葉に納得するかはわかりませんが、歴史を見れば恋愛と結婚は相いれないものであり、異なるものだとみなす考え方はそれほど珍しいものでもなかったのです。

恋愛観や結婚観は、その社会の政治状況によっても大きく変化します。

政治などと言うと少々大げさに聞こえるかもしれませんが、例えば、戦争中には「結婚報国」という理念が掲げられ、結婚は国を強化し、戦争に勝つための重要な手段とされました。政治がわれわれの結婚観を強く規定する側面もあるのです。

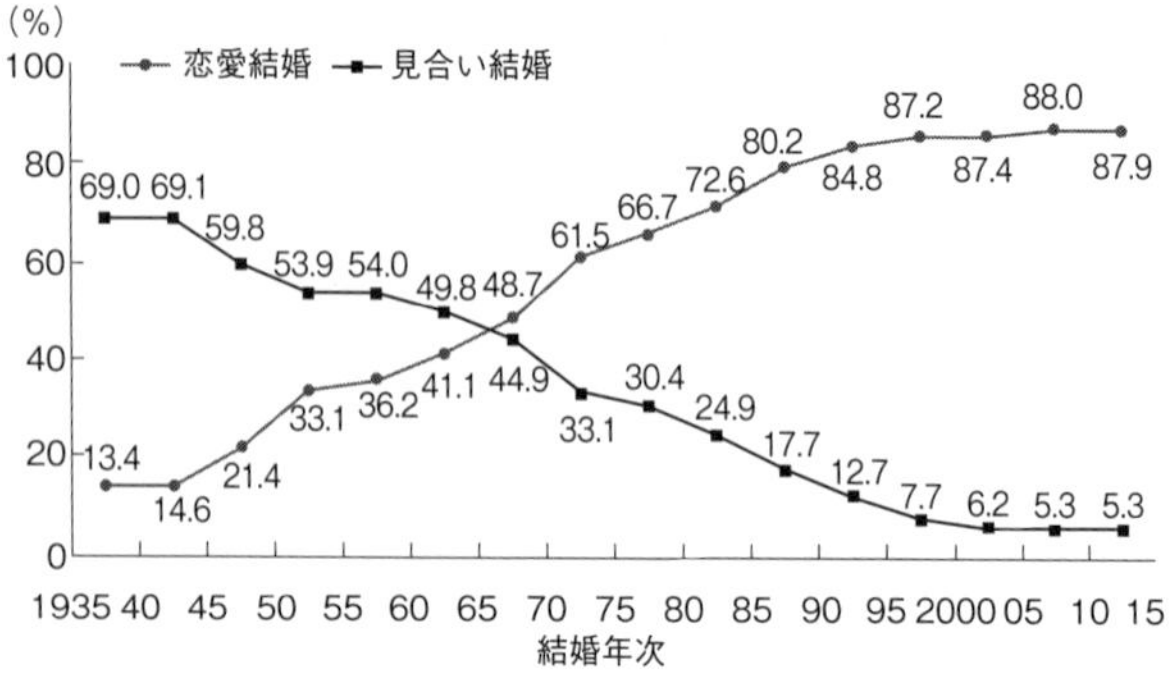

1-1　見合い結婚と恋愛結婚の推移（内閣府「男女共同参画白書 令和4年版」より）

2　見合い結婚と恋愛結婚

まず、見合い結婚と恋愛結婚の推移を確認するところから始めましょう。

1－1のグラフをみてください。戦前から戦後しばらくの間、結婚のきっかけは「見合い」が大半を占めました。

敗戦後、新しい憲法の成立や民法改正、GHQによる改革の影響もあり、恋愛結婚の割合は徐々に増加していきます。

戦後は一貫して恋愛結婚の割合が上昇し、1965年前後に見合い結婚の割合を上回ることになります。

†皇太子の結婚

敗戦後の「民主化」という新たな理念の浸透がこうした変化を後押ししたのはもちろんですが、それを決定的にした出来事が、1959年の皇太子（現・上皇）の結婚だったといわれます。

皇太子明仁親王と正田美智子さんの「御成婚」は、急成長していたマスメディアを通じて「恋愛結婚」と騒がれました。軽井沢で仲睦《むつ》まじくテニスを楽しむ皇太子と美智子さんの姿を、マスメディアが連日報道していました。

1959年4月10日、挙式当日の新聞には、「沿道に約100万もの人々が集まった」とその熱狂ぶりが記録されています。「皇室の人気はいま、戦後の最高潮に達している。それというのもご結婚がお二人の意志によって行われたというところに、大衆の支持があったからだ」（『朝日新聞』1959年4月11日朝刊）。

恋愛結婚であると報道するメディアに対し、宮内庁はたびたび「恋愛ではない」と抗弁していました。戦後10年以上が経過してもなお、皇室や政府の間では、まだ恋愛結婚を不道徳とみなす価値観が強く残っていたのです。

電話でふれ合う心

時には一時間近く

去年軽井沢で芽生えた恋

さわやかなゴール・イン

生かした憲法の精神

六年がかり、苦心の選考

一部にあった反対

1-2　婚約を伝える報道（1958年11月27日、朝日新聞夕刊）

しかし、政府・皇室と庶民層の価値観には大きなギャップが存在しており、この「御成婚」報道を機に、恋愛結婚の理想が社会全体に急速に広まっていきます。それまで不道徳の代名詞とされていた恋愛結婚が、人々の「あこがれ」へと転じていったのです。

皇太子の結婚がそれほど国民の価値観に影響を及ぼすものなのだろうか、と疑問に思う人もいるかもしれません。実は、戦前から戦後まで、皇室は国民にとってあこがれや関心の的でした。１８９０年代には、皇室のブロマイドや絵画が大量に売られており、商業誌や新聞にも掲載されていたほどです。

特に人気を博したのが皇室グラビアであり、商業誌にとっては読者獲得のための宣伝材料になっていたといいます（右田裕規「戦前期「大衆天皇制」の形成過程」）。まるで現代のアイドルのようですが、皇族の結婚となれば、庶民にとっては一大イベントだったのです。

以下では、明治期から戦前にかけての結婚についてみていきましょう。

3　家制度と結婚

日本の結婚を考える際には、何よりもまず家制度について知る必要があります。

1868年、江戸幕府が倒れ明治新政府が成立しました。成立した国家は、1872年に皇族以外のすべての国民の戸籍を作成します。戸籍は家長といわれる「戸主」を筆頭に、その父母やきょうだい、配偶者、子孫を記載するものであり、国家はこれによって家族と個人を把握することになりました。

戸籍は国民を管理するという目的をもって策定されたものです。特に欧米列強の脅威が背景にありました。

当時は、日本がひとつの独立した近代国家として確立し、国民を統制することが緊急の案件でした。欧米列強国に対峙するための強い軍隊をつくる必要があったことも、戸籍制度の確立が急がれた大きな理由です。

戸籍を通じた人口把握や国民の健康・体力に対する目配りは、強い国家をつくるために不可欠なことだったのです。

†家制度の確立

1898年に施行された明治民法を通じて確立したのが、家制度です。これは、戸主権と長男子の単独相続である家督相続を中心とする制度です。戸主は、家の構成員の結婚に同意権を持ち、居住地を指定する権利を持っていました。家制度は、江戸時代の武士家族の制度を踏襲、戸籍制度による「家」の把握、男女不平等の容認といった特徴を有していました。

家制度では戸主には大きな権限が与えられました。戸主がもつ戸主権によって、妻である女性は無権利状態に置かれました。家族生活上のあらゆる決定権や権利は夫である家長にゆだねられるようになります。

序列としては、妻よりも跡継ぎの長男のほうが上でした。「女三界《さんがい》に家なし」などという言葉もありましたが、これは、女は幼少のときは親に、結婚して嫁に行ってからは夫に、老いては子どもに従うものだから、世界のどこにも身を落ち着ける場所がないということを意味する言葉です。

家族国家観
国はひとつの家、その父は天皇

戦前日本の天皇制を支配したイデオロギーが家族国家観でした。

これは、「家」を国家の基礎単位とし、天皇（＝家長）を中心に国家全体を家（家族）のアナロジーでとらえようとする、明治時代に登場した政治的イデオロギーです。つまりは、国は大きなひとつの家であり、その父は天皇であるという価値体系です。

国民（当時は臣民と呼ばれました）は、日本という大きな家の父である天皇の赤子《せきし》であるとされます。家族国家観は、父母や祖先に対する愛情を基に、日本という国をひとつの「家」と考え、忠孝一致の国体を礼賛するものだったのです（磯野誠一「明治民法の変遷」）。

権力的支配や搾取関係を、親の愛情や孝行心のような「家族愛」のもとに覆い隠し、ファシズムの進行を容易にしたと分析されることもあります。

4　見合い結婚の時代

家制度の時代において、結婚は、第一に「家」を維持・繁栄させるための手段であることが強調され、教育されました。

家の跡取りとなる男子を確保することが、何よりも優先される結婚の目的となります。男子をもうけることは家に対する義務であり、家督を相続する者がいなければ祖先のまつりが途絶えてしまい、これ以上の不孝はないと考えられたのです（磯野誠一・磯野富士子『家族制度』）。

結婚は個と個ではなく、家と家の結びつきでした。家のための結婚が推奨され、配偶者を決める重要な基準が、家柄や血筋、家どうしのつりあいとなっていくのです。そこでは個人の意志は二の次です。

それを示す一例として、大正時代に刊行され、アメリカでベストセラーとなった書物『武士の娘』を紹介します。1873年に、旧越後長岡藩の家老の娘として生まれた著者の杉本鉞子《えつこ》は、自分の若いころを振りかえってこう述べています。

当時婚約は、私個人の問題ではなく、家全体のかかわることと思っていましたから、誰方のところへと尋ねてみようとも思いませんでした。その時分の日本の女の子の常で、ごく幼い頃から、私もいつかは必ずお嫁にゆくものと思っていましたが、それがいつのことかも知らずその時を待っていたのでもなく、恐れていたのでもなく、全く考えてもみませんでした。

ある日、母親から突然部屋に呼ばれ、「あなたは来月から○○さんの家にお嫁に行くのよ」と告げられ、「かしこまりました」——。これが、ごくありふれた結婚への流れだったのです。

†顔も見ないで見合い結婚

現代は未婚率が上昇しており、結婚相手に巡り合えないという人も増えているので、見合い結婚の多かった時代を少々羨ましく思う人もいるかもしれません。しかし、当時の見合い結婚は、今のそれとはかなり性質が異なっています。

おそらく皆さんがイメージする見合いは、相手と会って話を交わし、相性を確かめ、その可否を決めるというものでしょう。

しかし、当時たいていの見合いはすでにその前段階で結婚が決まっており、拒否権はないに等しいものでした。

お見合い結婚の当人に
拒否権はほぼなかった

結婚する当の二人は見合いには参加せず、親や親族、仲人のみでおこなわれることもありふれたもので、当人は結婚式当日に初めて顔を合わせるなんてこともけっして珍しいことではありませんでした。

社会学者の福武直は、1971年の著書で戦前から戦後にかけての結婚の変化についてこう述べています。

……農家の婚姻も戦前にくらべるとよほど変わってきた。その婚姻は、恋愛に始まるばあいも戦前より多くなっていると思われるが、一般的にはなお媒介婚が普通だとみてよい。しかし、そのばあいにも、見合の後婚約が整ってから当事者同士の交際が重ねられるのが農村でも常識となった。（中略）

……親だけが話をとりきめ結婚式の当日まで相手の顔さえ知らなかったというような婚姻は、全く過去の語り草になってしまった。娘たちは、結婚するまでに夫たるべき相手と相互に話しあえるようになっている。何事も辛抱といいきかされて見知らぬ家に不安におののきながら嫁いだ祖母や母たちにくらべると、今の娘たちは幸せだといわなければなるまい。

（福武直『日本の農村』）

このように戦前の結婚は、個人の意志とは無関係な家都合によるものだったわけです。一方、恋愛結婚（当時は「自由結婚」という言葉も使われた）は蔑《さげす》みの対象であり、仲人を介した見合い結婚こそが正当な結婚とされたのです。

5　創られた伝統

とはいえ、「昔の日本は見合い結婚だった」という言い方には注意が必要です。

実は、このような仲人を介した見合い結婚は、江戸時代に人口の約5％であった武士階級の伝統であり、庶民の結婚は必ずしもこのような形式をとらなかったからです。1877年頃までは、一部の豪農層を除いて、農漁村や庶民のあいだにはあまり浸透していませんでした。

明治時代に規範化され大衆化した仲人の仲介による見合い結婚は、あくまで武士層の伝統であり、その他の庶民の伝統とは大きく異なるものだったわけです。つまり、見合い結婚は、一般に理解されているような「日本の伝統」とは必ずしも言い切れないものです。

日本が近代化する初期に、農民や都市の労働者階級など階層をこえて民衆レベルにまで広がっていったのであり、これによって結婚の家族的統制は強まっていきました。

武士の儒教道徳が庶民にまで広がる中で、家本位の配偶者選択が社会規範として定着していったわけです。

†仲人の誕生

民俗学者の柳田国男は『婚姻の話』で、「まずいちばんに人が気づかずにいるのは仲人という者の新たに現れてきたことである」と述べています。武家風の家を重んじる考え方が世間に普及した結果、仲人結婚が新たに結婚の標準形式になったと指摘しています。

仲人を介した結婚こそが「正しい結婚」なのだという社会規範は、江戸時代中期より庶民層の一部で広まりつつあったものの、全国的に急速に広まるのは明治時代に入ってからのことでした。

いわば、武家社会で確立していた「伝統」が近代化を推し進める政治において、再発見され活用されたわけです。

見合い結婚が「伝統的」であり、個人が自由におこなう恋愛結婚が「現代的」だという今日の社会に流布している認識は、あくまで戦前から戦後の変化を示したものに過ぎません。

仲人結婚は「創られた伝統」

その意味で、仲人結婚は「創られた伝統」と呼ぶこともできます。

創られた伝統（the invention of tradition）という概念は、歴史学者のE・ホブズボウムとT・レンジャーがその編著『創られた伝統』（原著1983）で示したものです。われわれが古くから存在していると思っている「伝統」の多くが、実は近代以降に「発明」されたものであることを説く著作であり、歴史学や社会学、人類学、政治学など多くの学問領域に影響を与えました。

彼らは、「伝統」とは決して不変なものではなく、近代化のプロセスにおいてその目的に応じて都合よく「再発明」されることを指摘します。伝統は現代の目的のために、捏造《ねつぞう》されたり、一部だけ切り取られて誇張されたりする傾向があるというのです。

近年では、観光地における「グローカリゼーション」の議論などでも用いられます。グローバル化による他国との接触により、ローカルな伝統は必ずしも消滅するものではなく、反対に自国のアイデンティティを示すものとして復活するものもあるという議論です。

†神前式の誕生

明治期の結婚に関わる「創られた伝統」の例は数多くありますが、結婚式の様式をその例として挙げることができます。

現代の日本で、結婚式といえば、割合の多い順にキリスト教式、人前式、神前式のおおよそ三つに分類することができます。最近では、日本の伝統を重んじて、神社で和装を着ておこなう神前結婚式の人気が再燃しているという話を聞くこともあります。

しかし、もともと日本の結婚式に「神に誓う」という慣行は存在せず、特定の宗教が介在する伝統はありませんでした。

近代以前の伝統的な結婚の多くは村落共同体に埋め込まれており、結婚式も村の人たちに披露し、共同体の承認によって成立したのです。現在とはかなりスタイルは異なりますが、いわば人前式だったといえます。

明治時代になって、西洋からキリスト教式の結婚式が輸入され、これが文明的なスタイルとして紹介されました。

実は、神前結婚式は欧化政策の波のなか、キリスト教式を模倣して創られたものです。文明的で洗練された結婚式を日本でも確立しようという流れで、「小笠原流」という伝統様式を取り込みながら、キリスト教式の日本版として生まれたものなのです。

この神前結婚式は、戦前には一部の上層階級でのみおこなわれたもので庶民層にはほとんど普及していなかったようです。1922年度に全国から報告された神前結婚式の執行回数は、全体の0・7％程度にすぎません（志田基与師『平成結婚式縁起』）。

実は、神前結婚式が急速に普及したのは高度成長期のことでした。「縁むすびの本家」として知られる出雲大社の宮司も戦後になって、「神前結婚がこんなにおおくなったのは、この数年間の現象だ」と語っています（梅棹忠夫「出雲大社」）。

戦前に国家イデオロギーとして機能した国家神道が否定された戦後に、神社が生き残りを図るために見出したひとつの活路が結婚式だったという指摘もあります。逆説的にも聞こえますが、戦後の民主化による国家神道の解体こそが神前結婚式の普及を促したというわけです。

神前式が急速に普及したのは高度成長期

実はわれわれが「伝統」とみなしている多くのことが、このように武士伝統と西洋文化の融合によって形成されています。

6　前近代的な結婚の習俗

では、残りの9割を占める庶民層の結婚はどのようなものだったのか。

庶民と言っても地位や財力、さらには地域ごとにさまざまではありましたが、それは武士層の結婚とは大きく異なるものだったのです。

明治時代以前の村落社会では、仲人や見合いという慣習自体があまり浸透していませんでした。というのも、多くの人が一生を通じて地理的に移動することのほとんどなかった時代には、同じ村落内で結婚する村内婚が一般的であり、その必要が生じなかったためです。

†よばいというスタンダード

では、だれが結婚媒介を担っていたのか。

村落共同体の規制が強かった時代には、「若者仲間」と呼ばれる同輩年齢集団によっておこなわれるのが一般的でした。民俗学者の瀬川清子は『若者と娘をめぐる民俗』で、「昔の婚姻を真に支配したものは、若者仲間であった」と述べています。

村の若者たちは、若者仲間の年輩者から性の手ほどきを受けたり、「よばい」をおこなうことで、配偶者を見つけ出していきました。よばい（夜這い）とは、夜に男が女の住居へと通い性的関係をもつことを意味します。よばいができるように、戸締《とじま》りをすることが禁じられていた共同体も多かったようです。

長きにわたって配偶者選択の最も標準的とされた方法がこのよばいであり、見合い結婚よりもこれこそが庶民の伝統だったわけです。

明治中期ごろまでは、結婚媒介は仲人ではなく、「若者仲間」や「娘仲間」と呼ばれる若者たちの組織する同輩集団を中心におこなわれました。

多くの地域で、一定の年齢に達すれば男は若者仲間、女は娘仲間に加入します。農村社会学の有賀喜左衛門《あるがきざえもん》によれば、若者たちはこうした集団に入り、氏神祭祀《さいし》や村の義務、労働に参与することで、男性は女性に求婚する資格を、女性は求婚を受けるかどうかの決定権を獲得しました。

民俗学者の中山太郎は、若者の同輩集団を「若者連」と総称したうえで、若者が若者連に加入する一番重要な理由が「妻帯に必要なる準備を修得する」ことであったと記しています。

一定の年齢に達し、若者仲間や娘仲間に加入した者は、一日の仕事を終え夜中になると、男は若者宿に、女は娘宿と呼ばれる寝宿に集まり、夜なべ仕事をしたり話に花を咲かせたりしました（中山太郎『日本若者史』）。

若者たちの集団が結婚を支配していた

寝宿の訪問による男女交際は自由におこなわれ、親がこれを阻止することはほとんどありませんでした。若者仲間や娘仲間の最も重要な役目が配偶者選択の手助けだったのであり、事実上の仲人の役目を果たしていたのです。武士の慣行が浸透する以前は、結婚に対して親が持つ権限はそれほど強いものではありませんでした。

「村の娘と後家は若者のもの」という言葉が全国にありました。若者は、自分の村の娘を守って他の村との交際を禁じており、村外の男と性関係を持った場合には若者仲間らによる激しい暴力をともなう制裁がおこなわれました。

瀬川清子は、村内婚維持のための規制の強さについて、他村の男と親しくした娘への制裁は厳しく、そのころの結婚の大きな条件は村内婚原則だったと記しています。

若者仲間による男女関係の統制は、結婚というものが村落共同体に強固に埋め込まれていたことに関係しています。

中山太郎の著書『日本若者史』には、当時の村落を生きた人たちの性や結婚をめぐる世界観が生々しく描かれています。

†村落共同体のなかの結婚

村落共同体において、未婚の娘たちは基本的に「若者連の共有物」とされていました。それゆえ、結婚して特定の一人が相手を独占するためには、若者連の承諾が必要とされました。

娘たちは、村内の男性には性的に従順であることを強いられた一方、村外者に対しては貞操を固守することが求められており、これに背けば村を追放となったり、暴力的な制裁を受けたりするのが当然でした。

鎌田久子らの著書『日本人の子産み・子育て』からも事例を紹介しましょう。

房総半島の山間部の地域では、縁談が決まると、親は娘をつれて酒一升をもって若者組の頭の家に行き「ムスメにしてほしい」と依頼する慣習がありました。キムスメ（処女）を嫁にもらうことは恐ろしいとする風習があり、当時「ムスメ」という言葉は「結婚準備完了の者」を意味したのです。

福島県相馬地方には、「オナゴにしてもらう」という言葉があり、結婚の話が決まると村の宿老に「破瓜《はか》」を依頼する風習がありました。女性が処女であることが忌避され、「婚姻可能な成女」であることを公表する意味があったというのです。

イエズス会宣教師として16世紀に来日したルイス・フロイスはこう述べています。

> ヨーロッパでは未婚の女性の最高の栄誉と貴さは、貞操であり、またその純潔が犯されない貞潔さである。日本の女性は処女の純潔を少しも重んじない。それを欠いても、名誉も失わなければ、結婚もできる。
>
> （ルイス・フロイス『ヨーロッパ文化と日本文化』）

処女規範は近代以降に登場したもの

当時は、処女のままでは結婚できないという規範が多くの地域に存在していました。「処女でなければ縁談に差し支える」などといった規範は、近代以降に登場したものなのです。

このように、村落共同体の規則や秩序が重んじられ、それを破れば厳しい制裁を受けましたが、同輩集団の婚姻統制が機能していた地方では、若い男女の結婚をめぐる自主性は相対的に大きかったわけです。

明治以前の庶民層には、現代からみればかなり開放的な性・愛・結婚をめぐる慣習がありました。

こうした多様な習俗は、明治になると新たな「文明」の規準に沿って「野蛮」とされ排除されていくことになります。

7　共同体本位の結婚から家本位の結婚へ

明治期を通じて、日本の結婚は「共同体主義的結婚」から「家族主義的結婚」へと変化したということができます（姫岡勤「婚姻の概念と類型」）。

明治時代に入ってから、武士的な儒教道徳の浸透だけではなく、遠方婚姻の普及によって若者仲間の権威が急速に崩れていきます。交通の発達や市場経済の浸透といった社会構造の変動によって通婚圏が拡大し、他の村落に配偶者を探し求めることが徐々に一般化していきました。

従来のような幼馴染や若者仲間などが結婚に口出しすることは困難になり、その一方で親や身内の結婚に対する利害関係が強まっていきます。それぞれの家の価値を示す「家格」という問題が人々にとって重要な関心事となり、おのずと結婚の自由が制限されていくことになりました。

よばいという常識が一転、排除の対象に

武士の儒教道徳を基盤とする教育勅語が制定されたのは1890年のことですが、民俗学者の赤松啓介は、これを境に人々の性や結婚を見る目が大きく転換したことを指摘しています。それまで人々にとって標準的な慣習であった「よばい」が、一転「野蛮」なものとして排除の対象とみなされていくことになったのです（赤松啓介『夜這いの民俗学・夜這いの性愛論』）。

それにかわって見合い結婚こそが「家」を基盤とした国家構想に好都合であり、社会秩

序を安定化させるものとして規範化されていくのです。

血統維持のために婚前交渉も厳しく制限されます。結婚の条件として、生家の家柄や財産が重視され、結婚の最終決定権は家長にゆだねられることになります。

よばいが唯一の配偶者選択の方法であった村落の人たちは、よばいの禁止が政府から通達されると「どうやって結婚相手を見つければよいのか」と嘆いたといいます。

柳田国男は、「まずこれに反抗した者は娘仲間だったと伝えられる。わしらはどうなるのか、嫁に行くことができなくなるがと大いに嘆いた」と記しています（柳田国男『婚姻の話』）。

村落共同体を生きる人々にしてみれば、よばいこそが配偶者選択の「常識」であり、それ以外の方法は見当もつかなかったわけです。

8　「家」と妾

家制度における結婚観を如実に示す存在として、妾《めかけ》についても触れておきましょう。

明治以降、法律的には一夫一婦制がとられましたが、現実には妾が数多く存在しました。それゆえ当時は、「私生児」も多かったのです。

江戸時代までの武士階級には妾の慣行がありました。将軍家や大名家では、当主は正妻のほかに側室と呼ばれる妾を複数持つことは一般的なことでした。将軍家の「大奥」と呼ばれる多くの側室を含む数百人の女性が共に暮らす大規模な住空間は、テレビドラマでも取り上げられるため、よく知られているでしょう。

正妻の子ではない男子が家督《かとく》を継ぐこともありふれたことでした。認知された婚外子は「庶子《しょし》」と呼ばれましたが、男の庶子は女の嫡出子よりも相続の順位が高かったのです。家督は原則男性に与えられる権限だったからです。

家の相続・継承こそを第一とする武家社会では、側室に子どもを産ませることは非難されることなどではなく、むしろ必要なことでした。男子をもうけることが家への義務であり、妾を持つことは男子を得ることを理由に是認されたのです。

これは明治以降もある程度継承されます。1870年、最初の刑法典『新律綱領』で妾は法律上正式な配偶者とされ、妻の次位に置かれました。

†妾と妻

一夫一婦制へと転換したのは、外国に対する対面上の考慮が大きかったようです。フランスの法学者ボアソナードの指導の下に作成された1880年公布の刑法において、西洋諸国の視線に配慮して妾の名称は削除されました。

しかし、妾廃止には多くの反発が起こりました。川島武宜《たけよし》によれば、「当時外国の制度や思想にふれることのできた上流社会の人々、思想家や、政治指導者の多くが依然として旧来の性的寛容と一夫多妻制の公然たる支持者であった」のです（川島武宜『結婚』）。

特に、道徳の尊重を強調する元老院議官たちから猛烈な反対が起こります。天皇制の基礎となる皇統の継承のためには、妾は不可欠なものだという「存妾論」が強かったのです。ただ、ここでも政府は、不平等条約の改正という外交課題への配慮から削除に踏み切ったわけです。

刑法では親族として「庶子」は残したままだったので、妾を持つこと自体は認められました。明治民法のもとでは、本妻に女子しかなく、妾に認知された男子がいれば、相続の順位は男子のほうが上となりました。

山川菊栄の著書『武家の女性』（原著1943）では、明治期の状況がこう記されています。

……多少身分のある家なら、妾のいない方が不思議がられるくらい、それは一般的なものであり、自分の家に妾のいるのも、妾腹の子が何人もいるのも珍しくない場合が多いので、そういう中に育った娘たちには、それがさほど不快な、不合理なこととも思われずに、むしろ当然のこととして受入れられていたのでした。（……）

妾が何人いても、それを統制し、服従させて、家の中にごたごたを起させないのが賢夫人だとされていました。ある家老の家では妾が四人いて、しかも奥さんが立派にそれを操縦してつけ上がらせず、家を平和に治めたというので、女の鑑《かがみ》といわれていました。

妾に嫉妬せずうまく調整できる妻こそ「女の鑑」と呼ばれたわけです。

キリスト教文化圏からやってきた外国人の目には、このような妾の慣習は驚くべきものとして映りました。

明治時代に華族女学校（のちの学習院女学校）の教師として来日したアメリカ人アリス・ベーコンは著書『明治日本の女たち』（原著1902）のなかで、日本の結婚の特徴として永久性の欠如と一夫多妻の傾向をあげています。ほかにも離縁・再婚・再々婚が多いことに驚いたことを記しています。

家族社会学者の森岡清美は、『明治十一季四月調 戸籍草稿』という文書から妾を有する華族の比率を割り出していますが、それによれば、公家華族の52・4%、武家華族の55・8%が妾をもっていました（森岡清美『華族社会の「家」戦略』）。

例えば、初代内閣総理大臣の伊藤博文は多くの妾や愛人を持ち、それを隠そうともしませんでした。伊藤が毎晩のように違う女性と関係を持っていたので、あきれた明治天皇から女遊びを控えるよう忠告されたという話も有名です。

政治家をはじめ会社経営者などの上層部では一夫多妻がごく当たり前に存在しており、妾や愛人は男のステイタスを示すものでさえあったのです（これは戦後になってもある程度続いた慣習です）。一夫多妻は、富や権力の象徴と考えられており、中流以下の人間が社会階層的に上昇した際には、「出世」を世間に示すために必要な手段だったともいわれます

（川島武宜『結婚』）。

妻が子を産めない場合に、妾に出産を任せることもありました。

実際、当時の新聞の身の上相談欄でも、子どもが生まれなくて悩んでいる読者からの悩み相談に対し、識者が「妾に子どもを産ませなさい」と推奨している記事があります。新聞の身の上相談は、世間の多くが納得するような「常識的な回答」が提示されるということもできるので、当時の社会規範を如実に示すものだといってよいでしょう。

繰り返しになりますが、男性の恋愛や性関係は結婚制度と切り離されたものでした。

男性の恋愛は結婚制度と切り離されたもの

結婚において男性の貞操はそれほど重視されません。男性が家庭の外で性や恋愛を楽しむことも社会的にある程度認められたことでした。

例えば、福田利子の著書『吉原はこんな所でございました』には次のような記述があります。

……男の人のほうでは廓遊びは公然と認められたものでしたから、心と身体に切り離された恋愛の、その身体の部分を花魁たちが引き受けていたともいってもいいのではないでしょうか。

当時の奥さん方も心得たもので、たとえば病気になってご主人のお相手のできないときなど、「主人をよろしく頼みますね」なんて電話がかかるんです。

妻が遊郭の女性に「主人をよろしく」と挨拶にまわる——。このようなエピソードは現代人の感覚からはとうてい信じがたいものでしょう。

9 戦争と結婚

戦争が激化していくにつれ、結婚をめぐる規範は少しずつ変化していきます。〝強い国家〟や〝強い国民〟をつくるための手段としての結婚の側面がより強調されるようになったのです。

結婚は、単に家制度に関わる道徳的視点からだけではなく、しだいに優生学や人口学といった科学的視点からも規範的に語られるようになります。

近代以降の結婚を考えるうえで避けては通れないテーマのひとつが、優生学（eugenics）です。優生学という言葉は、1883年にダーウィンのいとこであるフランシス・ゴールトンが提唱しました。

優生学とは、生きるに値する優良な人種・血統が多く繁殖する機会を与えることで人類を改善することをめざす科学であり、単なる遺伝についての学問をこえた、政治的目的をもった科学だったのです。

優生学は西洋の多くの国で強い影響力を持ちました。

よく知られるように、優生学が政治的に結実する、その典型例のひとつがアドルフ・ヒトラーの率いたナチス政権下のドイツです。

ナチス政権は、1933年に優生断種法を制定しており、遺伝的障害をもつと思われるすべての国民を対象とし、かれらの生殖能力を奪う手術を合法化しました（ダニエル・J・ケヴルズ『優生学の名のもとに』）。

†厚生省と優生思想

日本に話を戻すと、結婚の統制をリードしたのが厚生省です。

厚生省は、日中戦争のさなか1938年1月に設立されました。厚生省の予防局には「優生課」が設けられましたが、その主要な業務が「民族衛生」、「精神病」、「慢性中毒」（アルコール依存症など）、「慢性病」（がんなど）、「花柳病」（性病）、「癩《らい》」（ハンセン病）などでした（松原洋子「日本——戦後の優生保護法という名の断種法」）。

厚生省設立の年に刊行された、沼佐隆次著『厚生省讀本』（1938）によると、「厚生」の語源は漢語です。人々の最低限の生活を保障することを意味した言葉でした。

しかし、その背後には戦争に勝つために国民を強化すべきという思惑がありました。「厚生省の生みの親は陸軍」だと記されているように、1937年6月に第一次近衛文麿内閣が誕生した際、陸軍は近衛内閣をサポートするその条件として、国民の体力を向上させるための新しい省を設けることを突き付けていました。近衛首相がそれを約束し、厚生省が生まれたのです。

やや皮肉な話ですが、国民の健康や体力、衛生など福祉に関わる諸制度は、戦争に勝利するという目的のなかで飛躍的に発展したのです。

1938年4月には、国家総動員法が公布され総力戦体制が整えられていきます。

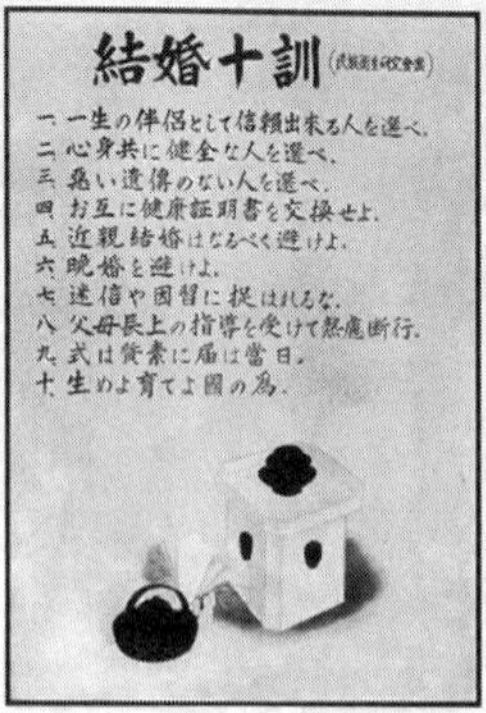

1-3　結婚十訓（厚生省予防局編『国民優生図解』国民優生聯盟、1941より）

厚生省は、国民の健康・体力に対する国家統制の象徴でした。国民体力の管理こそが厚生省設置の主たる目的であり、女性の身体は「生殖の器械」と考えられ、最も私的な事柄である結婚や性、出産、育児がすべて国家に管理されていくことになります。

戦況が悪化するにつれ、人口政策や優生政策はより露骨なかたちで展開されていくことになりました。「国民優生」という考えも登場します。優秀な男女の結婚を通じて日本の民族の質を向上させよ、というのが優生政策です。

厚生省の推薦図書とされた『結婚新体制』（1942）を見ると、「悪い素質を持った人、虚弱で国家の役に立たぬ人間を絶滅し、優秀な強健な人間をどしどし殖やすことが必要」であり、「この質と量との両面より民族の将来を考へること」が重要だと書かれています。結婚の前に必ず健康診断書を交換することなどが義務づけられています。

戦時中は、「産めよ殖やせよ国のため」が国家のスローガンでした。優生結婚を通じた社会改良を主張する言説は急速に勢いを増していきます。

1930年に設立され、優生学による社会改造を掲げた「日本民族衛生学会」はその中心を担うものでした。遺伝病者や劣等者の断種、優生学者の診断による「優生結婚」、育児制限反対、日本民族の人口増殖などの目的を掲げた学会でした。

こうした運動は厚生省と結びつき、遺伝病者の「断種」を合法化した国民優生法や、国家の健康管理による国民の体力増進を目指して制定された国民体力法といった政策を生み出していくことになります。

†現代における優生思想をめぐる問題

以上のような優生政策の話を聞けば、過去の日本がいかに非人道的な政策を行っていたのかと思う人が多いでしょう。

ただ、優生思想をめぐる問題は、単に過去の話として現代と切り離せるものとはいえません。

戦後も長らく優生思想は社会に強い影響を及ぼし続けました。有名なものとしては、1966年に兵庫県で始まり全国に普及した「不幸な子どもの生まれない運動」があります。障害児を「不幸な子ども」とし、その出生防止のために、県が障害者への強制不妊手術や出生前診断を推進した運動です。

そして現代は、生殖をめぐる医療技術が飛躍的に進歩し続けています。もちろんそれ自体を単純に否定することはできませんが、出生前診断の普及や「デザイナーベイビー」の問題など、われわれは命の選別の問題や、形を変えた優生思想にますます向き合う必要が出てきているともいえます。

例えば、障害のある子どもを産むことが「個人の選択」の問題とされれば、障害のある子どもを育てるのは「産む」という選択をした親の責任だとして自己責任論が強まる可能性も否定できないのです。それは、福祉制度の根幹を揺るがすことにもつながります。

10　公営結婚相談所の誕生

結婚相談所と聞けば、比較的最近になって登場したものと思う人も多いかもしれません。近頃では、街中やスマホの広告でも、結婚相談事業の広告を目にすることが多いでしょう。

しかし、実は明治時代にすでに結婚媒介業は大繁盛していました。

その背景に、近代化があります。産業の変化にともなって居住の流動性が高まり、生まれ育った村落から離れ都会で生活する人々が増え、結婚相手を見つけることが困難な若者が増加したことがその理由です（有地亨『近代日本の家族観　明治篇』）。

血縁や地縁に頼ることのできない人々を救済するという名目で、こうした社会情勢を敏感に察して商売として確立されたのが結婚媒介業だったのです。

明治・大正期の新聞や文献には結婚媒介業に関する多くの記述がありますが、そこからは詐欺事件などのトラブルが多かったこともわかります。ついには、結婚媒介業は警察の取り締まりの対象にもなり、その後衰退していくかに思われました。

しかし、戦争中に結婚相談所は国家の政策として価値を見出されていきます。

†国家事業としての結婚相談所

ここでも人口政策と優生政策がキーワードになります。

1930年には、初めての公営結婚相談所として、東京市役所内に結婚相談所が開設されました。

所長を務めた田中孝子は、この相談所が、単に結婚媒介だけを目的とするのではなく、「優生学の普及」「性道徳の高調」「家庭生活の浄化」を信条とするとし、「社会奉仕」の機関であると述べています（田中孝子「東京市結婚相談所を語る」）。

こうした動きは急速に拡大し、それ以後、全国各地に結婚相談所が次々に作られていきます。当時の優生思想の普及に大きな影響力をもった人物の一人である医学者の永井潜《ひそむ》は、優生結婚相談所の開設を称賛しました。

社会事業史の専門家である吉田久一『昭和社会事業史』によれば、1941年3月時点で、こうした結婚斡旋施設は、公営457、団体経営66、個人経営23の計546存在したようです。さらには、優生結婚資金貸付斡旋、優生結婚表彰、産児奨励金の交付などが行われていました。

1941年には、「結婚報国懇話会」なる組織が登場し、積極的な活動を展開することになります（『讀賣新聞』1941年8月10日）。この結婚報国懇話会とは、結婚が「私事」として放置されている状況を問題視し、官民が一致協力して結婚奨励を促進することを目的として設立されたものでした。

その会員名簿からは、厚生省のような官界の要人のみならず、企業経営者など経済界の要人、女学校校長など教育関係者も多数在籍していたことがわかります。ここでは「八紘一宇の精神運動の第一歩」として、「結婚斡旋網」という提案がなされています。

このように、戦時中は、結婚斡旋網が政府の手によって展開されることになりました。１９３８年の国家総動員法や１９４０年の大政翼賛会などの指導のもと、「結婚報国」という理念がとなえられ、結婚が公益に奉仕するための手段とされたのです。

国家による国民の身体管理が進行し、それにともない配偶者選択の基準が厳重化され、結婚相談所が国家事業のひとつとして位置づけられていたのです。

従来は、親族や地域共同体に埋め込まれていた結婚が、戦争のための政治的手段としての側面を強め、結婚の国家管理が進行したのです。

結婚の事なら何でも
お世話もします
厚生省に結婚相談所

貴くも哀し戦歿勇士の報恩
奉公袋の遺書

1-4　結婚相談所の新聞記事（1940年３月16日、朝日新聞朝刊）

＊

以上、本章では明治期から戦時期までの結婚について概観してきました（より詳しく知りたい方は拙著『仲人の近代』もご参照ください）。

戦争に敗れた日本は、戦後GHQによる民主化政策のもとで結婚をめぐる法律や価値観の転換を迫られました。次の章では、戦後の社会変動のなかで結婚がどのように変化していったのかを確認していきましょう。

第2章

結婚の現代史

1　日本国憲法と結婚

敗戦を経験した戦後日本は、GHQの指導のもと戦前の反省からあらゆる社会制度の「民主化」を最優先の課題とし、家族や結婚をめぐる法律も大きく変容が迫られました。新しく日本国憲法が制定され、「婚姻は、両性の合意のみに基いて成立」（第24条第1項）とされました。結婚はもはや「家」どうしの結合ではなく、「個人」どうしの対等な関係であることが示されたのです。

憲法の規定に基づき民法も改正されました。戦前民法にあった戸主制度や家督相続権が廃止され、財産の均等相続や男女同権が謳《うた》われました。結婚に父母の同意を必要とするという規定も廃止されます。

従来の家と家との結合を否定し、独立した個と個の結びつきが新しい結婚の望ましいかたちとされ、戸主権を軸とする法律としての家制度は廃止されることになったのです。「家」のための結婚や「国家」のための結婚が当然視されていた戦前の状況から、大きな変化の一歩が踏み出されました。

GHQは戸籍こそが封建的な家制度の根幹にあるとみなし、個人カード方式を導入することを提案していましたが、日本政府は紙不足と事務作業負担を理由に、なんとかGHQを説得し戸籍を保持することになりました（下夷美幸『日本の家族と戸籍』）。

とはいえ、新たな戸籍では、親子二代までが同じ戸籍に入ることが認められ、「三代戸籍禁止の原則」が採用されることになりました。新たに夫婦単位を家族とみなすこととなり、戦前からの脱却をみることができます。

2　高度経済成長期の結婚

†もはや「戦後」ではない

日本の経済が飛躍的な成長を遂げた高度経済成長期は、一般的に1955年から1973年までの足かけ19年間とされています。1956年度の経済企画庁『経済白書』には、

「もはや「戦後」ではない」と書かれました。

もはや「戦後」ではない。我々はいまや異なった事態に当面しようとしている。回復を通じての成長は終わった。今後の成長は近代化によって支えられる。そして近代化の進歩も速やかにしてかつ安定的な経済の成長によって初めて可能となるのである。

戦後まもないころは、GHQの指導のもと自由や平等を目指す「民主化」という政治の理想が「近代化」という言葉で語られる傾向がありました。しかし、経済復興とともに、しだいに「近代化」は「経済成長の達成」へと意味を変えていきました。

経済成長が進んでいくなかで、企業が日本社会の中心へと躍り出ていきます。結婚のあり方も、この企業文化とともに大きく変わっていくことになるのです。

†家族の戦後体制

高度経済成長期にあたる、1950年代後半から1970年代ごろまでの結婚について確認していきます。

高度経済成長期には、産業構造の変化を背景に、農村から都市への大規模な人口移動が生じました。1950年には、第一次産業の従業者割合がおよそ5割を占めていました。しかし、1970年には2割を下回ります。この時期を通じて、労働力人口の8割以上が雇用労働者となったわけです。

男性の多くが「企業戦士」として働き、妻が家庭を守るという、性別役割分業型の家族が広く普及していくのがこの時期です。

落合恵美子が、「戦後女性は主婦化した」と述べているように、「夫はサラリーマン、妻は専業主婦、子どもは二人」という近代家族が、戦後日本の標準家族モデルとして定着していくのです。落合は、これを「家族の戦後体制」と呼びました（落合恵美子『21世紀家族へ』）。

高度経済成長期における結婚の特徴を一言で言えば、結婚と企業の結びつきが強まったことだといってよいでしょう。

高度経済成長期には、終身雇用や年功序列といった日本型経営が確立しました。企業をひとつの拡張した家族のようにとらえる「経営家族主義」（企業一家とも呼ばれます）が評価されたのもこの時期です。

「夫はサラリーマン、妻は専業主婦、子どもは二人」という近代家族モデル

1950年代後半には、多くの企業で女性の結婚退職制や若年定年制が普及しました。今では驚きですが、女性労働者が結婚したときには退職しなければならない、と定める制度です。

そのほか、「配偶者控除」や、専業主婦に年金の受給権を与える「第3号被保険者制度」を創設するなど、さまざまな制度化が進みましたが、これは女性の就労を抑制する機能を果たしたと言えるでしょう。

企業は、従業員家族の生活保障まで手厚く担う制度を確立し、家族や結婚生活が企業と密に結びつき、その依存度を高めていったのです。

経営者は雇用関係を超えた「家族的な関係」を従業員との間に形成しました。それは会社内に限らず、家族連れの社員旅行や運動会など、レクリエーションの領域まで広がっており、公私にわたる企業文化の浸透が起こりました。

戦後の日本企業について分析したイギリスの社会学者ロナルド・ドーアによれば、企業は、高い勤労意欲と忠誠心をもった健康な労働力を維持するために、従業員家族までを取り込んだ労務管理政策を展開しました。家族ぐるみで企業への忠誠心を発揮してもらい、企業への協力を得ようとするのが、日本における大企業の家族政策の基調だったというのです（ロナルド・P・ドーア『イギリスの工場・日本の工場』）。

男性は企業に忠誠をつくし、女性が専業主婦として家庭を守る。

この「性別役割分業家族」が理想的なモデルとされ、国家による社会福祉や社会保障のシステムの基本単位とされたのです。

†職縁結婚の時代

こうしたなかで、結婚相手との出会いのきっかけは、従来の「地縁」から「職縁」へと変化しています。

内閣府調査における恋愛結婚と見合い結婚の区別は、配偶者との「出会いのきっかけ」に基づいていますが、恋愛結婚の「きっかけ」の内訳からはその変化をみてとれます。

戦後における「出会いのきっかけ」の大きな変化は、地域での出会いや親族の仲介を通じた「地縁結婚」が減少し「職縁結婚」が増加したことです。

1950年代までに結婚した夫婦の出会い方は「見合い」が主流でした。当時まだ少数派だった恋愛結婚についてみてみると、「幼なじみ・隣人」という「地縁結婚」が主流をなしていました。

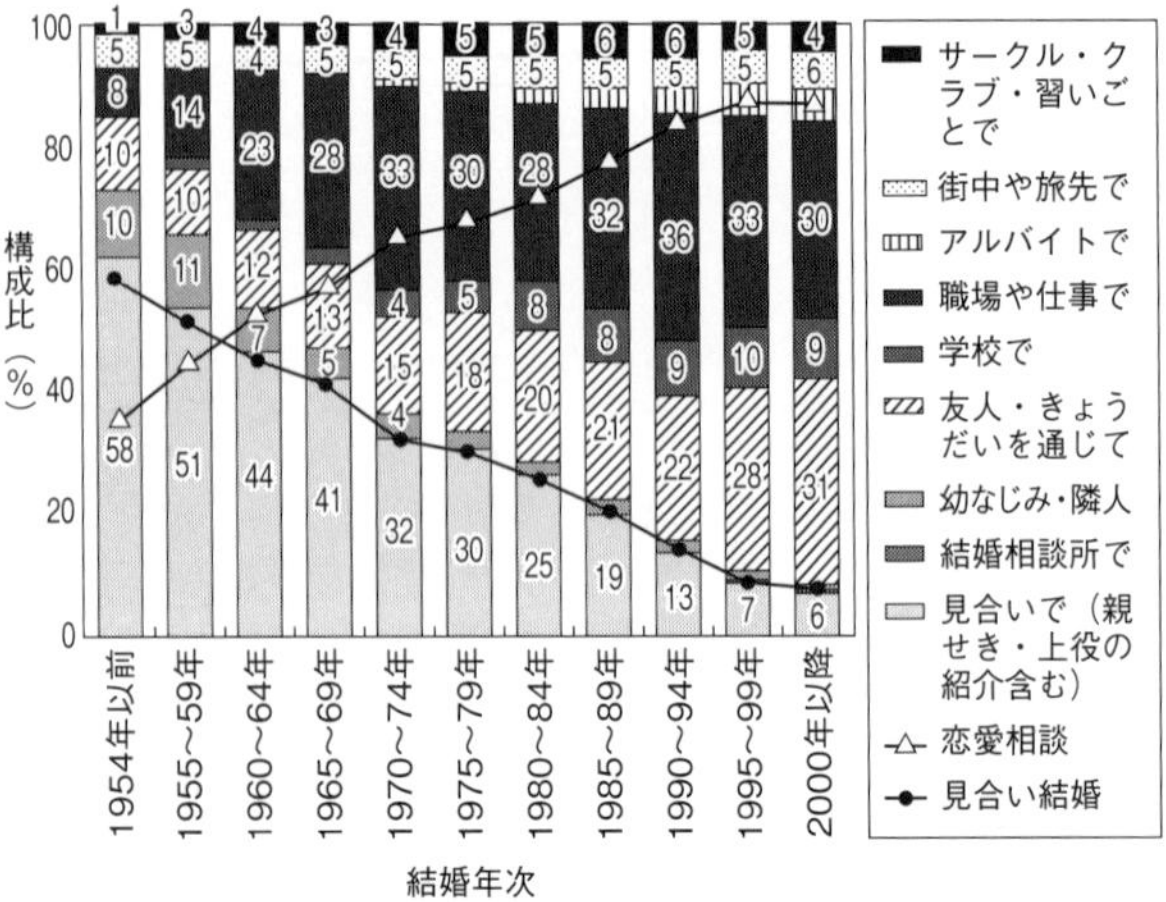

2-1　結婚年次別、夫妻の出会いのきっかけの構成比（第８回〜第12回出生動向基本調査における「初婚どうしの夫婦について」）

ところがその後、見合い結婚の割合は減少を続け、恋愛結婚が多数派となった１９７０年代に入ると「職場や仕事の関係で」つまり「職縁結婚」がトップに躍り出ます。

この職縁結婚がその後しばらくのあいだ３組に１組という割合を維持したというのです。

男女ともに生涯未婚率が５％を割るような当時の「皆婚《かいこん》社会」を支えていた大きな要因のひとつが、マッチメーカーとしての企業社会の存在でした。

当時の恋愛結婚は、実際には「企業によって身元保証された男女」が帰属意識の高い集団のなかで配偶者を見つけるというかたちをとったわけです（岩澤美帆・三田房美「職縁結婚の盛衰と未婚化の進展」）。年功序列賃金と終身雇用制、家族に対する充実した福利厚生は従業員家族の忠誠心を得ていましたが、そうした雰囲気において、企業側（上司）が従業員の結婚問題に気を配ることは、ごく自然なことであったに違いない、と指摘されます。

少し話はそれますが、「同類婚」について少しだけ触れておきましょう。

もともと戦前に見合い結婚が規範化され、恋愛結婚が否定されていた大きな理由に、階層や身分をこえて自由に誰もが結婚すれば社会が混乱してしまう、という懸念がありました。

しかし、恋愛結婚が大半を占めるようになっても、同じような属性の人どうしの結婚を意味する「同類婚」の傾向に変化はありませんでした。それどころか、1985年のSSM調査（社会階層と社会移動全国調査）の分析では、恋愛結婚よりもむしろ見合い結婚のほうが「配偶者選択が本人中心的」という興味深い結果が得られています。

すなわち、妻と夫という本人同士の学歴はもちろん、父親同士の職業等について、見合い結婚以上に、恋愛結婚においてより強い学歴同類婚と職業同

見合いより恋愛結婚のほうが学歴や職業の近いひとを選びがち？

類婚の原理が働いていることが明らかになったのです（渡辺秀樹・近藤博之「結婚と階層結合」）。

これは、恋愛による配偶者選択にも一定の社会的な力が働いていることを示しています。

†仲人の変化

高度成長期における結婚と職場の結びつきは、仲人の変化によっても裏づけられるように思います。

熊谷苑子《そのこ》による、全国調査「戦後日本の家族の歩み」（略称NFRJ-S01）の分析によれば、1950年代まで仲人は「親族等」が70％以上で大半を占めていましたが、その後減少していきます（熊谷苑子「結婚の社会的承認」）。

それと対照的に、「職場の関係」が戦後一貫して増加していき、1980年代後半になると40％をこえトップに躍り出ています。

1960年代以降をみると、「夫方の関係のみ」が仲人を務めるケースが過半数となり、1980年代後半には約70％と多数派になります。

このような仲人の変化は、結婚の社会的承認を求める基盤が男性を中心とする企業社会へ移行したことを示しているといってよいでしょう。

戦後に恋愛結婚の割合が上昇したことから、配偶者選択をめぐる個人の自由が普及したことは確かですが、この時期に結婚が職場に組み込まれていったという点も大事です。血縁や地縁に代わって新たに職縁がこの時代の結婚を支えていたのです。

仲人慣行について簡単に触れておきましょう。

見合い結婚が減少し、恋愛結婚が大半を占めるようになっても、結婚式に仲人を立てる慣行は1990年代初頭までは強く残っていました。戦前には「仲人のいない結婚は野合だ」などと言われたのですが、野合とまでは言われずとも、最近までたとえ恋愛結婚でも、結婚式の際には形式的に仲人を立てることがマナーだったのです。

1997年に刊行された『はじめての仲人・媒酌人』という本にも、「「婚姻は両性の合意のみに基づいて成立」(日本国憲法第二四条)するとされる現在は、本人の意志が尊重される時代ですが、それでもやはり、「仲人は結婚において欠かせぬ存在」であることは間違いありません」と書かれています。結婚式で、上司やお世話になった社会的威信のある人に仲人をしてもらうことで、自分たちの結婚の正当性を示すという意味があったのです。

血縁や地縁に代わり
職場の縁がメインに

これまた少し話はそれますが、以前、夫が医者だというある女性から、医者の世界における仲人慣行について興味深い話をうかがいました（もちろん、どこまで一般的な慣習かは定かではありません）。

90年代くらいまでは、医者が結婚する際には、上司やお世話になった偉い先生に仲人を依頼するという慣習があったとのこと。依頼料の相場がおおよそ100万円と決まっていたそうです。立派な先生に結婚式の仲人を依頼することで結婚に「箔をつける」という面や、結婚後の夫婦のサポート役を期待してという面もあったようです。

ちなみに、お話をうかがったその方は、「すっかり仲人文化もなくなっちゃったから、自分たちのときはあんなにたくさん払ったのに、私たちは仲人を依頼されることもなくて、100万円はいただけないわけ」と笑ってお話ししてくださいました。

†結婚適齢期

自由な結婚が志向される時代になっても、さまざまな規範は残ります。そのひとつに結婚適齢期の規範がありました。

時代はだいぶさかのぼりますが、明治末に刊行された『若き女の手紙』という、当時の女性が書いた手紙を多数集めた書物に、次のような独身女性の語りが紹介されています。

女学校を出てからもう丸三年。あなたは直ぐお結婚になる、友達の多くも大抵はおかた付きなすつたのに私ばかり相も変はらず小学教員、夏休みもこれで三度目ですわ。二十二と云へばもうオールドミス株ですわね。いつまで他人の子供を育てゝるのかと思ふと、呪はれた運命に思はずほろつとすることがありますわ。

（溝口白羊編『若き女の手紙』）

弱冠22歳にして、いまだ独身である自身の境遇を嘆き、一生一人で生きていく覚悟を語るような内容になっています。明治以降、「婚期」を過ぎても結婚しない女性は「オールドミス」（または老嬢）と呼ばれ揶揄《やゆ》されました（拙著『「独身者」批判の論理と心理』）。

林芙美子の1946年の小説「婚期」にも、「もう、二十六にもなると、父も母も何も云わなくなり、勝手にしたらいいだろうと云った調子で、中学生まで時々オールドミスと姉をからかったりする時があった」という記述があります。

井上章一は、著書『美人論』でこんな話を紹介しています。

明治大正期、女学校に通う女子は在学中の10代半ばで結婚して嫁に行くことが多かったようです。女学校には授業参観があり、そこには地域の有力者がやってきます。自分の息子の花嫁探しをするためです。少なくない女学生たちが嫁として引き抜かれて中退していくなか、中退することなく勉学を続け卒業できる女子には不美人が多かった。こうした女子は「卒業面（そつぎょうづら）」と呼ばれ、揶揄されていたというのです。

20歳を過ぎてもなかなか結婚しないような女性は、社会から逸脱した存在とみなされたのです。

戦後も長らく、女性は20代前半までに結婚するべきだとする社会の規範は非常に強く、適齢期の女性やその親は必死になって結婚相手を探しました。

1970年の妻の初婚年齢は、22歳から23歳に集中しており、女性のおよそ8割が25歳までに結婚しています。高度経済成長期に「専業主婦の大衆化」が進み、性別役割分業が定着したことが背景にあります。

女性は24歳までに結婚することが期待され、25歳以上の未婚女性が「売れ残りのクリスマスケーキ」と揶揄されたことはよく知られているでしょう（クリスマスイブの24日になぞらえた言葉）。

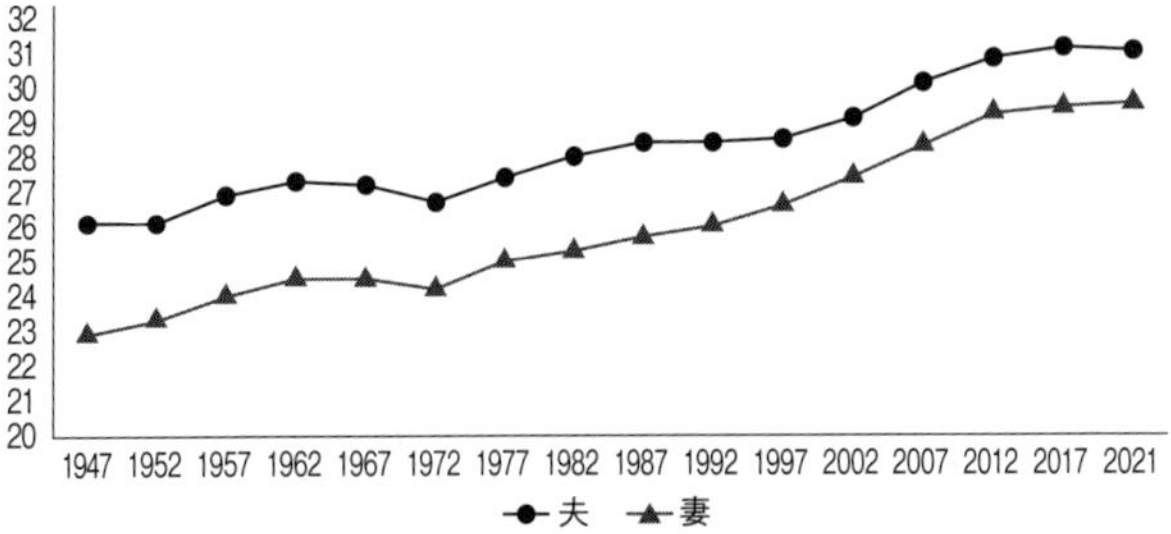

2-2　夫婦の平均初婚年齢（e-Stat 人口動態統計より）

女性は「適齢期」に結婚し、それと同時に仕事をやめ、家事や育児に専念するという前提で働き方が決められてきたのです。

現在では信じられないことですが、女性が会社に就職するとき「結婚したら退職する」という条件で採用していた会社もありました。結婚が決まれば、同僚たちに「寿退社」を祝福され送り出されたのです。

１９７０年から１９９０年代初頭までは短大卒の女性は、四大卒の女性よりも就職率が高くなる傾向もありました（苑復傑「戦後における高等教育進学と労働力参加」）。結婚退職までの期間が２年長いことが、企業に好まれたことも背景にあります。

結婚退職（寿退社）が前提だったため、多くの女性労働者には研修や昇進の機会もほとんど与えられず、やりがいや責任ある仕事につくことも困難でした。

女性は長期的雇用にそぐわない存在とみなされ、人材育成のシステムから排除され、結婚や出産までの一時的な労働者と位置づけられ、補助的な仕事しか与えられませんでした。給与や福利厚生の水準は低く抑えられ、一人暮らしも難しかったと言われます。女性のライフコースの選択肢は非常に限定されていたのです。

もちろん、今でもこのような状況が完全に改善されたとは言えません。

労働経済学者の大沢真知子は、「統計的差別と自己成就的予言」という観点から次のように指摘しています（大沢真知子『21世紀の女性と仕事』）。

現在でも多くの企業が、「どうせ女性は結婚や出産で離職するだろう」と考え、男性と同じように仕事を教えたり経験を積んでもらったとしても、投資の元が取れないと判断する傾向にある、というのです。

このように、離職率に男女差があるという統計的な数値に基づいて、女性を昇進から排除したり、男女の賃金に格差を生み出すことは「統計的差別」と呼ばれます。離職率には個人差があるにもかかわらず、正確に把握するのにコストがかかるため、企業は平均値で判断することになるのです。

このような「どうせ女性は離職するだろう」という企業の思い込みこそが、本当に女性の離職をもたらしてしまう。これは、社会学でいう「自己成就的予言」に当てはまります。こうした状況は、さらに次の世代の女性たちが「どうせ差別されるなら……」と同じ行動を起こすことにつながります。ジェンダー構造の再生産が起こるのです。

3　少子化とジェンダー

ここまで女性の就労と結婚の関係について述べてきましたが、これに関連して少子化問題についても少しだけ確認しておきたいと思います。

内閣府が2021年に公表した「少子化社会に関する国際意識調査」で、「(自分の国が) 子供を生み育てやすい国だと思うか」との質問に対し、「とてもそう思う」「どちらかといえばそう思う」と回答した割合は、スウェーデン97・1%、フランス82・0%、ドイツ77・0%であったのに対し、日本は対象4カ国最低の38・3%にとどまりました。

戦後の先進諸国は女性就労率の上昇とともに出生率が低下するという共通の歴史をたどりました。そのため、長らく女性の就労率の上昇こそが出生率低下を引き起こしたと考えられてきたのです。

しかし、現在では女性就労率と出生率に関するこのような通説が妥当ではないことが多くの調査で明らかになっています。ＯＥＣＤのデータなどでは、女性の就労が普及した国ほど出生率が相対的に高い傾向が示されます。

デンマークの福祉研究者Ｇ・エスピン－アンデルセンは、女性の就労率と出生率には相関関係が存在すると指摘します（エスピン－アンデルセン『アンデルセン、福祉を語る』）。出生率は、社会全体が男性稼ぎ主社会から男女平等社会に移行する初期段階では低下するものの、男女平等社会が成熟するにつれて上昇するというのです。

先進諸国のなかで、日本や韓国、南欧などの超低出生率国に共通するのは、「家族主義」が強固だということです。

家族主義にはさまざまな意味がありますが、現在の福祉政策をめぐる議論では、「子育ては家族の責任だ」「親の介護は子どもがやるべきだ」というように、育児や介護などのケア責任が家族に押しつけられている状況を意味します。

例えば、日本では長らく保育園に子どもを預けることが差別的にみられることがあった

女性の就労が普及した国ほど
出生率が相対的に高い

り、介護サービスを利用することが「親不孝」だとみなされたりしました。これが家族主義です。

†日本の家族主義

日本の家族主義を象徴する調査結果もあります。

2012年に各国で実施されたアンケート調査に、「就学前の子どもの世話は、主に誰が担うべきか」という質問があるのですが、日本ではおよそ8割が「家族」と答えたのに対し、北欧諸国では6〜8割が「政府や自治体」と回答しているのです（柴田悠『子育て支援と経済成長』）。

ケアの責任に対する考えは、これほどまでに国によって違いがあります。

エスピン＝アンデルセンは、現代では「伝統的な家族主義」がむしろ家族形成の足かせになっており、福祉の「家族主義」を脱することこそが「家族の絆」を強化するという逆説を示しています（エスピン＝アンデルセン『平等と効率の福祉革命』）。

家族主義には、女性がケアを担うべきだとするジェンダー規範も含まれます。

女性の就労率も出生率も相対的に高い国では、家庭と仕事の両立を政策的に推進してき

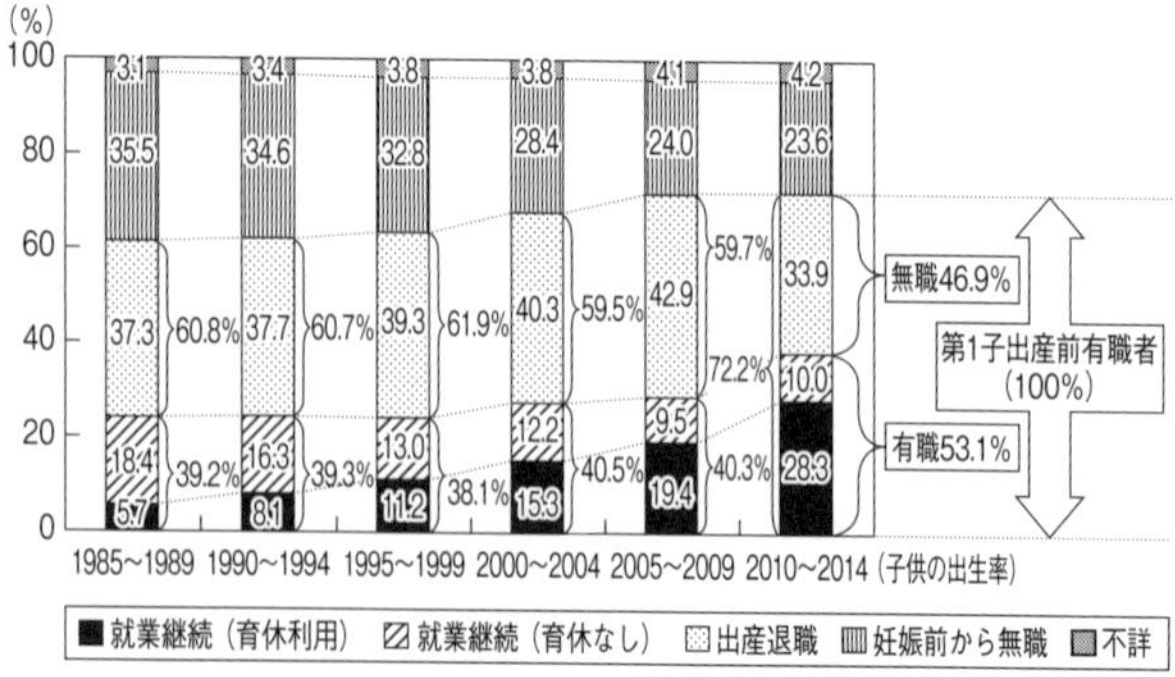

2-3　女性の就業と出産（内閣府「令和３年版 男女共同参画白書」より）

ました。

一方、日本では、出産・育児期の20代後半から30代後半の女性就労率が低下する「M字型就労」の傾向が根強く存在します（女性の年齢階級別就業率が「M字型」に似ていることからこう呼ばれます）。

M字のくぼみ部分は徐々に小さくなっていますが、他の先進諸国と比べると、今なお第一子出産を機に多くの女性がいったん仕事をやめるという傾向が強いことがわかります。

ジェンダー平等も現代の結婚を考えるうえできわめて大事な視点です。

女性のみに家族をめぐる責任が偏重する社会では、女性の働き方と生き方にさまざまな困難が伴います。

国際比較データからは、男性の家事・育児に費やす時間の多い国、そして育児休業取得率の高い国が相対的に高い出生率を示しています。

　他人のケアに責任を持つことをまったく想定せず、家庭を顧《かえり》みることなく長時間働く男性モデルのことを「ケアレスマン・モデル」と呼びます（杉浦浩美『働く女性とマタニティ・ハラスメント』）。

　ケア労働は人間にとって不可欠の労働であるにもかかわらず、それが女性に不均衡に押しつけられていることにより、長らく女性の有償労働の権利が侵害されてきました。

　ジェンダー平等に関する施策は、これまで「働き方改革」や「女性活躍」など女性の就労支援に傾斜しがちでしたが、「ケアレスマン・モデル」からの脱却という視点も重要なのです。

　エスピン－アンデルセンは、従来のジェンダー平等政策が、いわば女性の人生を男性のそれに近づけるような「女性の男性化」のみに偏っていたことを問題視し、男性の人生を女性のそれに近づけるような「男性の女性化」が重要だと比喩的に表現しています。

　ジェンダー平等社会の実現のためには、男性がケア労働に参入することが不可欠であり、競争を重視する「男らしさ」の価値観やケア労働の社会的意

「女性の男性化」より「男性の女性化」が重要

義が見直される必要があるのです。

4　自己責任化する結婚

結婚の歴史をたどってみると、結婚が人々の帰属集団の変化とリンクして変わってきたことがわかります。

戦前の日本では国家をひとつの家族とみなし、親への孝行を天皇への忠誠と同一視する家族国家観にもとづく共同体に人々を動員する動きがありました。

戦後は、地域社会や村落共同体が衰退していくなか、終身雇用制や年功序列、企業内福祉等を柱とする日本的経営を軸とする企業が、社員とその家族を公私にわたって丸抱えするコミュニティとして存在していました。

先に参照した岩澤と三田の論文では、1991年のバブル崩壊のあと、それまで安定的であった職縁結婚というシステムが十分に機能しなくなったことが指摘されます。女性の就業年数が長くなり、男女ともに非正規雇用の割合が増加しました。

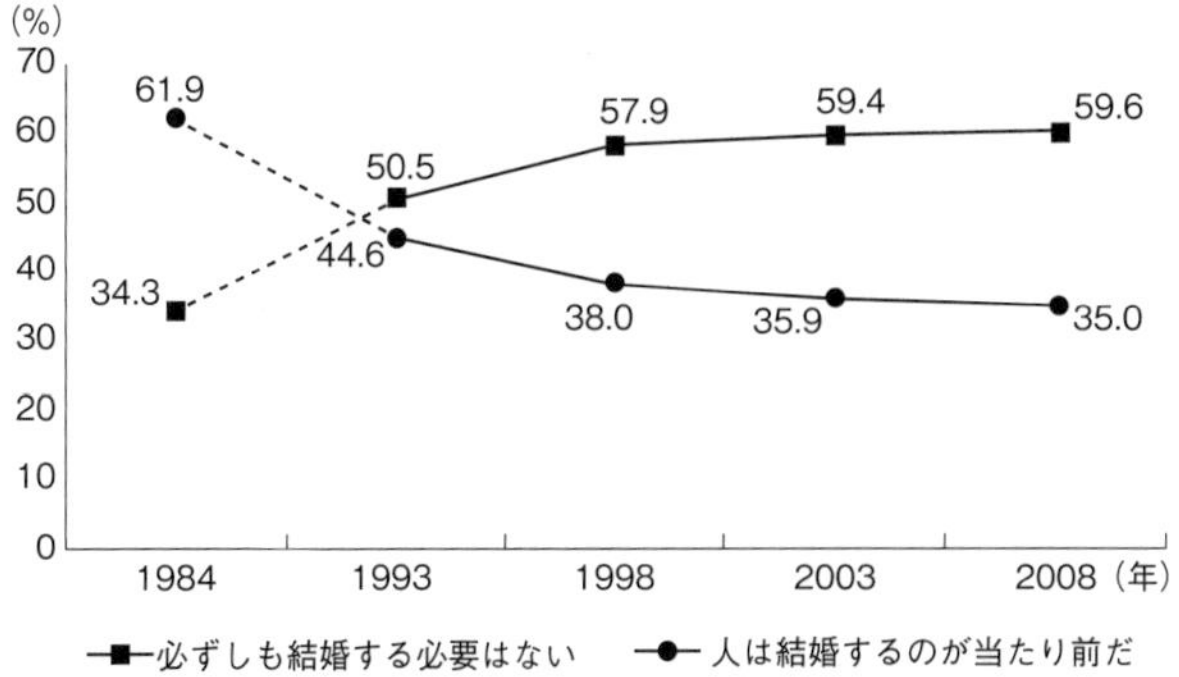

2-4　結婚観の推移（1984年＝NHK「現代の家族調査」、1993〜2008年＝NHK「日本人の意識調査」より）

経済構造の変化にともない、終身雇用や年功序列賃金という雇用慣行、家族生活を企業が保障する福祉システムといった日本的経営の柱が大きく揺らぎ、こうした労働市場・雇用慣行の変化が人々の結婚行動に変化をもたらした可能性は否定できません。

今日問題化されているのは、あらゆる共同体から切り離される個人だといってよいと思います。

もちろん、個人が共同体の束縛から解放され自由になったことは肯定すべき側面も多くあります。しかし同時に、結婚をはじめとするつながりの形成における自己責任や自助努力の側面が大きく増大したといえるでしょう。

80年代までは、「人は結婚して一人前」という価値観が広く浸透していました。日本放送協会

（ＮＨＫ）が実施している世論調査「日本人の意識調査」によると、１９８４年の調査では「人は結婚してはじめて一人前になる」という考え方について、約60％の人が賛成していました。

しかし、90年代以降、結婚に対する人々の考え方は大きく変わっていき、賛成する人の割合は急減します。「人は結婚するのが当たり前だ」という考え方への賛成は、２００８年時点で約35％となっており、１９９３年と２００８年を比較すると、15年間で約10ポイント低下しています。

「結婚して一人前」「結婚するのが当たり前」といった社会的な圧力が弱まり、結婚は人生の選択肢のひとつとして捉えられるようになってきたのです。

結婚の意味が個人化してきたことを考えるうえで、私自身が研究対象としてきた「仲人の変化」にも注目しておきたいと思います。

「結婚式をやるなら誰かに仲人を頼まなければならない」と言っても、現代ではほとんどの人がピンとこないでしょう。現在、結婚式の際に仲人を立てるカップルは１％にも満たない状況です。

しかし、90年代半ばまでは仲人文化は根強く残っており、たとえ恋愛結婚であっても結

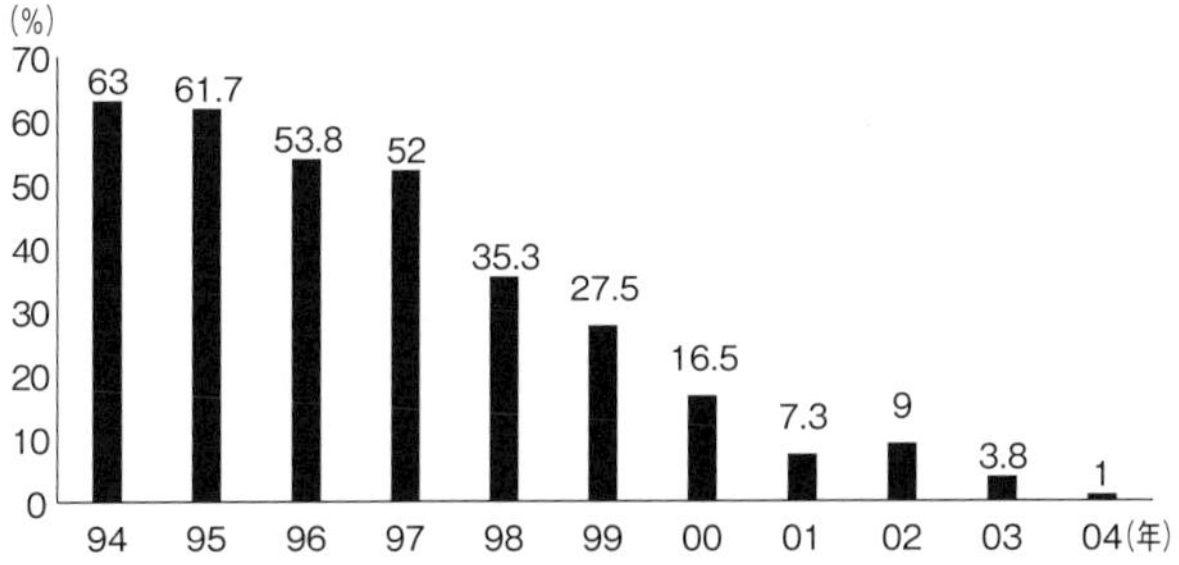

2-5　結婚式に仲人を立てた人の割合(『ゼクシィ結婚トレンド調査2005』より筆者作成)

婚式の際には仲人を立てる慣行が残っていました。

リクルート社『ゼクシィ結婚トレンド調査』（2005年版）の「首都圏の経年比較」を見てみると、結婚式で仲人を立てた人の割合は、97年まではまだ過半数を占めているのです。しかしこれが、2004年になると1％と急減しています。

この仲人の多くは、紹介や見合いを仕切る「実質的な仲人」ではなく、形式的な「頼まれ仲人」ではありますが、恋愛結婚が当たり前になった90年代でも仲人慣行は存続していたわけです。

このことは、結婚が職場や地域社会といったコミュニティに強く埋め込まれていたことを物語っているように思います。

この仲人文化が急減するのは、1990年代半ばから2000年代初頭にかけてでした。この10年はいわゆる

「失われた十年」と呼ばれる日本経済の低迷期と重なっています。つまり、「失われた十年」に仲人は失われたとみることができるのです（拙著『仲人の近代』）。

背景には経済構造の変化に伴う結婚観の変化があると思います。

バブル崩壊後、家族生活を企業が保障するという福祉システムが揺らぎました。雇用の流動性が高まり男性の非正規雇用が増加するなか、人々の企業への忠誠心や帰属意識が希薄化していきます。企業が「自助努力の重視」に舵を切り、結婚や家庭の問題は個々の労働者の責任と位置づけられていったのです。

結婚が共同体から切り離され個人化していった

さらには、プライバシーやハラスメントに対する新しい価値観が浸透したことの影響も小さくないでしょう。

現在では、上司が部下に「まだ結婚しないの？　いい人紹介しようか？」などと言えばハラスメントに該当する可能性が高いです。地域や職場の人がだれかの結婚に介入するようなことは忌避されるようになりました。

結婚は個人的なイベントでありプライバシーにかかわることだと位置づけられ、そこに第三者が介入することはなくなっていったのです。

「仲人の消滅」という現象もまた、結婚というイベントがさまざまな共同体から切り離され、個人化したことを如実に示しているように思います。

†「サーファー」と「漂流者」

個人化論の代表的論者である、ドイツの社会学者ウルリッヒ・ベックは、個人化時代における個人の分断を「サーファー」と「漂流者」に喩《たと》えています（伊藤美登里『ウルリッヒ・ベックの社会理論』）。

さまざまな資源に恵まれたサーファーは、個人化社会における不確実な状況や文脈の急激な変化にうまく対応しながら軌道修正をおこなっていくことができる人たちです。

一方、資源の乏しい漂流者は、自分の人生に生じている「非連続性」や「不確実性」を脅威や喪失として経験することになります。漂流者は人生に関する決定や舵取りを無駄な努力であると感じ、「受動的な客体」となり、自らの決定の機会や責任を持とうとしないというのです。

自助努力が支配的になる現代社会において、自ら能動的につながりを形成していく「サーファー」と、その受動性ゆえに孤立へと追いやられてしまう「漂流者」の分断が生じているといえます。

個人化がもたらすこのような分断に注目しながら、結婚をめぐる問題を考えることが重要だと思います。

5　マッチングアプリ時代の結婚を考える

†デジタル化する出会い

国勢調査における「50歳時において一度も結婚経験のない人」の割合は、1970年には男性1・7%、女性3・3%に過ぎませんでした。

ところが、2020年には男性が28・25%、女性は17・81%まで大幅に上昇しています。未婚率は当初の推計を上回る勢いで上昇しており、「誰もが一生に一度は結婚する」という皆婚社会は終焉したといえます。

皆婚社会では、「適齢期」になれば縁談が持ち込まれ、たとえ受け身であっても多くの結婚が決まっていました。しかし、1990年代に入ると、配偶者選択における自助努力の側面が高まりました。

2010年の「出生動向基本調査」で、未婚者が独身にとどまっている理由として挙げる第1位が「適当な相手にめぐり会わない」で多数を占めました。そんななかで、2000年代には「婚活」という言葉が急速に社会に浸透していき、近年ではインターネットが新たなマッチメーカーとしてその存在感を増しています。

2022年11月に明治安田生命が発表したアンケート調査では、同年に1月から11月に結婚した夫婦の「出会いのきっかけ」はマッチングアプリが22・6%とトップに躍り出ました。

2009年以前に結婚した人のうち、「マッチングアプリ」で出会ったと回答した人は0%、2015〜2019年に結婚した人では6・6%、2020年代以降に結婚した人では、18・8%が「マッチングアプリ」で出会ったと回答しました。コロナ禍の影響もありますが、2022年単年で22・6%です。

夫婦の出会いのきっかけはマッチングアプリがトップに

生活のすみずみがデジタル化され、効率化が進んでいる現在のデジタル社会において、結婚相手を探すという作業がデジタルの領域へと移譲されつつあることは、特に驚くべきことではないかもしれません。

私自身、この数年でマッチングアプリをめぐる学生や周囲の意識が大きく変化したことを実感します。

最近は「自分も利用したことがある」「友だちが利用している」と語る学生も多く、卒論の研究テーマでマッチングアプリを扱う学生も多いです。マッチングアプリを利用して結婚した話も聞きます。

少し前であれば、他人に話すことを憚《はばか》る人が多かった印象ですが、その傾向が薄れつつあります。

†マッチングアプリへの否定的な感情

とはいえ、マッチングアプリに対しては否定的な感情を抱く人は多いでしょう。特に高齢世代では、マッチングアプリという単語を聞くだけで眉を顰《ひそ》める人も少なくないという印象です。

正直、私自身も世代的な感覚としてその心情がわからなくもないのですが、その理由は何かと考えてみると案外難しいものです。私は以前に書いた論考で、大きく2点その理由をあげました（以下の議論は「マッチングアプリは「家族」を変えるか」をもとにしています）。まずひとつの理由として、マッチングアプリでの出会いが「正しい出会いではない」という意識があるように思います。

今も「マッチングアプリで出会った」と周囲に伝えるのをためらう状況があると聞きます。これはつまり、「正しい出会いはこうだ」「普通の出会いはこういうものだ」という何かしらの想定が人々の価値観のなかにあって、マッチングアプリはその「正しさ」から外れているという感覚があるわけです。

しかし、本書でここまで見てきたように、結婚の歴史を見れば、「出会いの正しさ」をめぐる社会規範は変化し続けてきました。

繰り返しになりますが、ほんの数十年前の日本では「好きな人と結婚する」こと自体が否定的にみられ、まともな家の人間なら「見合い」を経て結婚するものだと考えられていたのです。

90年代には「合コン」が普及しますが、現在でも結婚披露宴では「友人の

「ふつうの出会い」は それほど自明のことではない

開いた食事会」という慎重な言い回しが用いられたりします。つまり、われわれの抱いている「出会いの正しさ」は、さほど自明なものではないということです。

今日スマホを使用しないで知人と連絡をとることが不可能なように、デジタル化が進行する社会において、マッチングアプリが今後その存在感を増していくことは不可逆的な現象ととらえるべきだと思います。

もうひとつの理由として、「マッチングアプリの出会いは危険だ」という意識の存在があるように思います。

相手の素性が知れないことやその手軽さが「リアル」な出会いに比べて危険だという認識です。実際にニュースでもマッチングアプリに関連した事件がたびたび報道されるので、人々がこうした懸念を抱くのも、もっともにも思えます。ただ、本当に「マッチングアプリだけがそんなに危険なのか」という視点も大切でしょう。

こちらも歴史をみれば、男女の出会いを危険視する言説は、いつの時代もあふれていました。

戦前は男女が同じ空間にいること自体を危険視する道徳が規範化されていましたし、戦後も学校教育で男女交際を危険視する言説は長い期間支配的でした。結婚媒介業や結婚相談所も、すでに明治時代には数多く存在しており、当時からその危険性はさまざまなメディアで語られていたのです。

自分たちの世代になかったものや新奇なものを過度に危険視してしまう傾向は、普遍的な現象なのかもしれません。

マッチングアプリが危険ではないと言いたいわけではありません。対面でリアルな出会いでも、出会いには常に危険はつきまとう可能性があるということです。

マッチングアプリに限らず、日常生活にはスマホゆえの危険以上に、スマホがあったおかげで回避できた危険の事例も多くあるように思います。危険な側面のみを過剰にクローズアップし、一括して否定するのは冷静な議論を阻《はば》むように思います。

「正しさ」への思い込みからマッチングアプリを否定するのではなく、デジタル社会における出会いの変容を前提に、つながりの形成をどのようにサポートするかを議論するほうが建設的だと思います。

†マッチングアプリが及ぼす影響

マッチングアプリを安易に否定する傾向には注意が必要ですが、それが及ぼしうる社会的影響についても考えてみましょう。

第一に、人々の持っている既存の価値観を補強するという側面があるように思います。マッチングアプリのような新しい手段が登場すると、世間ではそれが社会をどう変えるかに関心が集まります。

しかし、新しく登場した手段が必ずしも新しい価値観を生むわけではないという視点も大事です。むしろ、新しい手段が古い価値観を補強することもありえます。「出会いの手段」が多様化しても「出会いの目的」が画一化する可能性があるのです。

AIによるアルゴリズムは各個人の初期傾向に沿って生成されるため、すでに存在する価値観をより強化する傾向を持っています。マッチングアプリもまた、社会通念に沿って、それを後押しするかたちで、既存のジェンダー規範や結婚をめぐる価値観を補強していく可能性があります。これが異質な他者への理解を妨げることも考えられます。

以前、ある結婚相談所で取材を行った際に、最近は「結婚相手が見つからない」という理由ではなく、「より良い結婚をするために」20代前半から利用する女性も増えているという話を聞きました。結婚相手との出会いを偶然に任せていては非効率だし、リスクが高いというのです。

結婚相談所では最初から学歴や年収、趣味、家族構成などの詳細な情報を得られます。自分の理想に合ったパートナーときわめて効率的に出会うことができるというわけです。

社会学者エヴァ・イルーズは、親密な関係性が経済モデルに浸食される傾向に警鐘を鳴らします。今日では、パートナー選択がますます合理化モデルに依拠するようになり、ウェブ恋愛はその「道具化」を加速化させていると指摘するのです（Eva Illouz, *Cold Intimacy*）。

マッチングアプリはあらかじめ「条件の合わない人」を排除できるため、リスクが少なく合理的な手段だと認識されるでしょう。しかし、効率性を求め自分の利益を最大化しようという行為が支配的になれば、人はあらかじめ自分自身にとって「価値がある」と考えた人とだけ交流することになりかねません。

「コスパ」や「タイパ」を重視し、学歴や年収、外見などの条件で相手を絞り込むことが、既存の価値観をかえって強化していないかという懸念です。すでに存在する「スペックの社会的序列」がいっそう固定化される可能性があるように思います。

マッチングアプリで出会いの偶然性が失われる

アプリは人々を「最適解」へと導いてくれます。しかし、そこで失われるのは偶然性です。

人は他者との偶然の出会いや関わりのなかで、絶えず価値観の修正や刷新をおこなうものです。しかし、固定化された最適解に従うことで、自分に合わない（と思い込んだ）他者への理解や自分自身が変わる可能性が阻害されてしまいます。

そもそも最適解とはあくまでその時点における個人から導き出されたものにすぎません。それが長い目で見て本当に最適解であるという保証はないのですが、このことが省みられる機会が奪われ、自由を奪われることがあるように思います。

さらに指摘しておきたいのは、個々人の合理的行為が社会全体に合理的に働くとは限らないということです。

実際、マッチングアプリの普及はそれほど成婚率に寄与していないという調査結果もあります。婚姻件数全体に占める「アプリでの出会い」の割合は増えていても、婚姻数の増加にはあまり貢献していない可能性も指摘されます。

個々の単位で見たときには合理的な行動であっても、皆が同じような行動をとってしまうと、全体としては悪い状況がもたらされてしまうことを「合成の誤謬《ごびゅう》」といいます。

各人が効率的にパートナー選択をおこなっていると考えていても、それが社会全体のマッチングを効率化するとは限らないのです。各人が持っている初期傾向がより固定化される結果、全体においてマッチングの「非効率」が生じるわけです。

もうひとつ、「コミットメント・フォビア」について述べておきます。

オンライン上のマッチングは、パートナー選択の範囲を大幅に拡大しました。一人当たりのパートナー候補の人数は、リアルな出会いとは比較になりません。しかし、こうした状況が結果的に「決定」や「持続的関係」を困難にする可能性があります。

選択の範囲が広がったことで、個人が「もしかしたらもっと良い人がいるかもしれない」と理想のパートナーを探し続けてしまうような状況に陥りうることは、以前から指摘されてきました。

社会学者アンソニー・ギデンズは、著書『親密性の変容』(原著1992)で、現代の関係性は、外部の規制や伝統的拘束から自由であるがゆえ、明確な「ゴール」が定まらず「もしかしたらもっと良い人がいるかもしれない」

「コミットメント・フォビア」
特定の誰かと深い関係になるのを避ける症状

と永遠に理想のパートナーを探し続けてしまうようなアディクション状況に陥りうると指摘しています。

マッチングアプリはこうした傾向をより推し進める可能性があります。

近年、注目されるコミットメント・フォビアとは、端的に言えば、特定の誰かと深い関係になることを忌避（嫌悪）する症状を意味します。

パートナー選択の可能性が無限に拡大することで、ある特定の関係に深くコミットしてしまうことへのためらいが生じたり、あるいは、いったん交際を始めても「もっと良いかもしれない」という可能性が持続的な関係を脅かしてしまう。特定の相手にこだわるインセンティブが低減してしまうことで、個々人の不安定性が増大するということです。

エヴァ・イルーズは、特に男性にコミットメント・フォビア傾向が強まっていると指摘します（Eva Illouz, *Why Love Hurts*）。恋愛市場で男性に重視される経済的資源は加齢により高まる傾向があり、「性的魅力」も女性より男性のほうが持続期間が長いと思い込まれているというのです。

一方、女性はパートナー選択において出産などの身体的リミットを考慮する傾向が強く、選択肢が広がる状況では、子どもや献身的な関係を求める傾向の強い女性たちが不利な状況に置かれやすいというのです。

いつまでも幻想にとらわれ続けコミットメントを忌避する男性と、早期に安定的な関係を望む女性との間でミスマッチが生じるという指摘です。議論の余地はありますが、マッチングアプリが及ぼしうる社会的影響のひとつとして紹介しておきます。

†デジタル時代におけるつながり

以上、マッチングアプリが及ぼしうる否定的な影響について述べましたが、それが人々のパートナー選択の範囲を広げ、つながりを促すことは疑いようのない事実です。

社会的孤立が重要な社会問題となっている現代では、デジタル機能をどう活用していくかという議論が不可欠だと考えています。

例えば、性的マイノリティなどこれまで出会いの場や機会が制限されてきた人々にとって、新たな手段は孤立を解消するうえで重要な役割を果たしているという指摘があります。

他にも、マッチングアプリはさまざまな新しいつながりを生み出すうえで活用されており、趣味友やシングルペアレント同士などをマッチングするビジネスも登場しています。

社会的孤立が進行する現代において、マッチングサービスが多様なつながりを促す可能性にも目を向ける必要があるでしょう。

私は、現代社会の孤立化や不平等をめぐる諸問題の要因にさまざまな「ミスマッチ」があると考えています。

人々のライフスタイルが多様化し流動化しているにもかかわらず、社会は依然として旧来の関係モデルに縛られ、多様なニーズや関係性を受け止める選択肢を用意できていない。その意味で、社会に存在する「ミスマッチ」を解消するうえでマッチングアプリが果たしうる可能性に期待しています。

現代はデジタル社会がもたらしうる「多様性の排除」に抗いつつ、「多様なつながりを促す仕組み」を構築するという難しい舵取りを求められているように思います。

ともすれば、パートナー選択やつながりへの第三者の介入は既存の価値観の押しつけになってしまいますが、こうした介入を個人の自由を脅かすものとして否定するだけでは進行する孤立の問題に対処できません。

家族関係やその他の社会関係を再構築するうえで、デジタル機能が果たす積極的な可能性も注視していくべきでしょう。

†もはや昭和ではない

以上、本章では戦後から現代までの結婚の変遷について確認してきました。

2022年、内閣府による「令和四年版 男女共同参画白書」に、「もはや昭和ではない」と書かれたことが大きな話題を呼びました。

もはや昭和ではない。昭和の時代、多く見られたサラリーマンの夫と専業主婦の妻と子供、または高齢の両親と同居している夫婦と子供という3世代同居は減少し、単独世帯が男女全年齢層で増加している。人生100年時代、結婚せずに独身でいる人、結婚後、離婚する人、離婚後、再婚する人、結婚（法律婚）という形を取らずに家族を持つ人、親と暮らす人、配偶者や親を看取った後ひとり暮らしをする人等、様々であり、一人ひとりの人生も長い歳月の中でさまざまな姿をたどっている。このように家族の姿は変化し、人生は多様化しており、こうした変化・多様化に対応した制度設計や政策が求められている。

次の章からは、多様化しつつある家族と結婚の様相について、より詳しく考えていこうと思います。

第3章

離婚と再婚

1 離婚の変遷

続いて本章では「結婚の終わり」、離婚について見ていきます。

「昔は離婚が少なかったけれど最近は離婚が増えている」という言い方には注意が必要です。当然のことですが、「昔」が平安時代なのか、江戸時代なのか、はたまた10年前なのかで話はまったく変わってきます。

日本の離婚率は明治期に非常に高く、その後減少を続けました。離婚率は、離婚の多寡を比較する際に統計上使われる数値で、人口千人あたりの離婚件数を意味します（離婚率＝年間離婚届出件数／人口×1000で算出されます）。

離婚率は、1963年の0・73を底に再び上昇に転じていきますが、高度経済成長期は比較的低い数値を維持していました。急激に上昇したのは、1970年代半ばから1990年代にかけてのことです。

最近の離婚件数は、その年の婚姻届出件数の3分の1にあたる数値となっています。つ

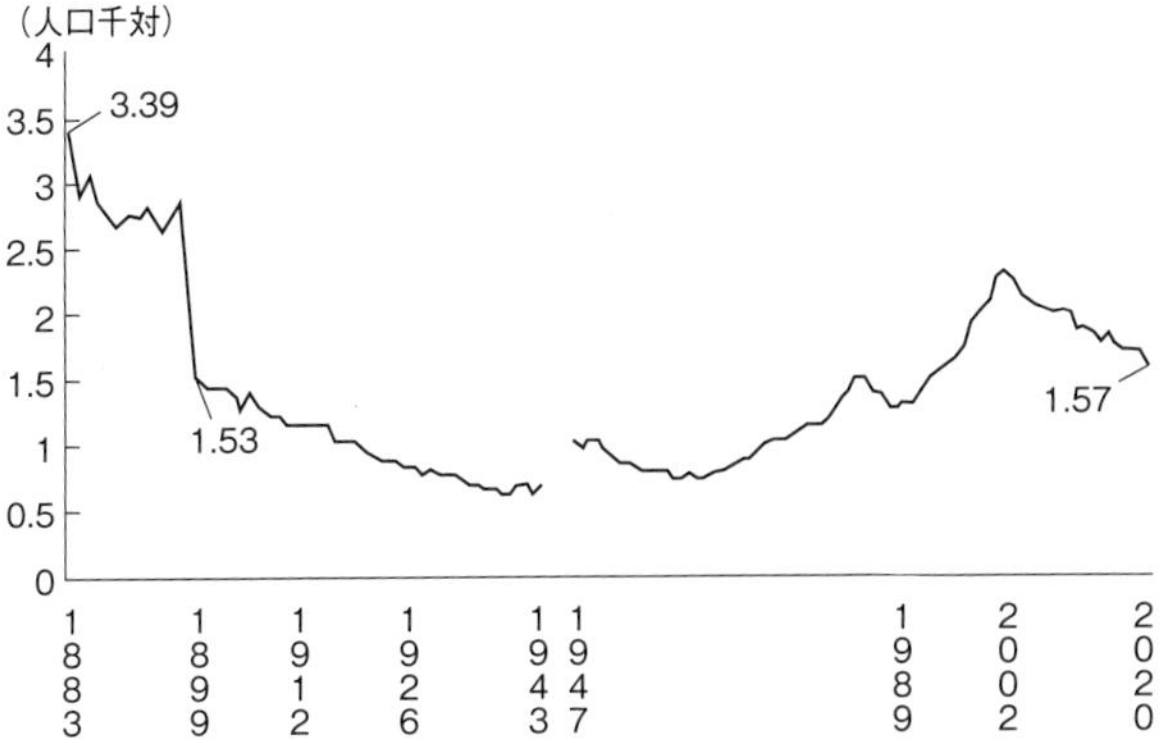

3-1　日本の離婚率（内閣府「令和４年版 男女共同参画白書」より）

まり、１年間に１００組のカップルが結婚したとすれば、その間に35組程度のカップルが離婚していることになります。

離婚が急減した日本

明治時代の離婚件数は非常に多く、１８９９年の離婚率（１・53）は、２０２０年の離婚率（１・57）と同水準でした。１８８３年の離婚率は３・39で、これは２０２０年の離婚率の約２倍にあたります。

明治前半の離婚率は欧米諸国に比べはるかに高く、これが重要な政治的問題とされました。

欧米諸国との不平等条約を改正するためには「文明国」であることを対外的に示す必要がありました。当時の司法大臣は、「欧米風の民法でな

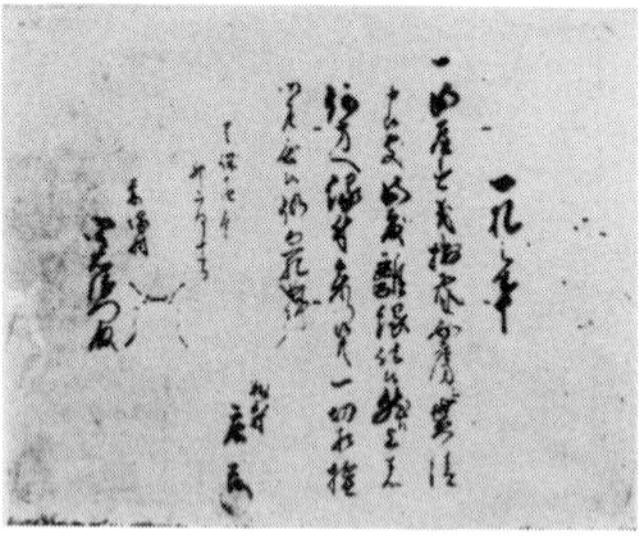

3-2　三行半（国立国会図書館デジタルコレクション、穂積重遠『離縁状と縁切寺』より）

いと治外法権の撤廃を各国が承知しない」と述べたと言います（石田雄『明治政治思想史研究』）。

特に離婚率の高さは「文明国」として恥ずべきことだと認識されました。当時の議会では、欧米諸国と対等にわたりあうためには、なんとか離婚率を減らし、婚姻率を安定化することが喫緊の課題として議論されたのです。

さらに近世までさかのぼれば、日本は離婚や再婚がきわめて多い社会でした。大名・旗本の離婚件数は全婚姻数の1割ほどで、そのうち5割以上が再婚をしていたのです（近世女性史研究会編『江戸時代の女性たち』）。

江戸時代における庶民の離婚の方法については、「三行半《みくだりはん》」と呼ばれる離縁状が有名です。離縁状が三行半で書かれるのが一般的だったためこう呼ばれます。

庶民層の離婚は離縁状さえ出せば、特にそのほかの許可は必要ありませんでした。離縁状は、夫から妻宛てに差し出される決まりがありましたが、夫が離婚に応じない場合でも、妻が縁切寺へ行けば離婚が可能でした。縁切寺といえば、鎌倉にある東慶寺が有名です。妻からの離婚請求が法的に認められるようになるのは、1873年の太政官《だじょうかん》布告からです。

第1章で述べたとおり、日本政府は、1898年に民法を制定し、近代国家の基盤を整えようと試みました。安定した婚姻率の確保はその重要な目的のひとつでした。

3－1のグラフからわかるように、明治民法施行の翌年である1899年に離婚率が急減しています。明治30（1897）年には12万4000件あった離婚数が、31年には9万9000件、32年には6万6000件とおおよそ半減していきます。第1章で確認した家制度の確立により、離婚の急減と婚姻率の安定化がもたらされたのです。

なぜ離婚は急減したのか。

さまざまな見解がありますが、端的にいえば離婚のルールを厳しくしたことが一因です。まず、25歳未満の離婚では嫁の親の同意が必要になったことで男方の親が好き勝手に離婚を強いることが難しくなりました。

また、妻の財産は夫が管理することになり、妻の法律行為には夫の指揮監督が必要となったことで離婚のハードルが高くなりました。

さらには、戸籍管理が厳格化し、離婚が届け出制となり戸籍簿に「除籍」と書かれるようになったことや、離婚が家にとっての恥だという感覚が生じたことの影響もあります。

2　家と離婚——戸籍が汚れる?

明治民法では、婚姻によって妻は夫の家に入り、夫の氏を称することになります。これが「入籍」です。

明治初期までの結婚は、家に嫁または婿が入ることを意味しました。嫁は法的に守られることが少なく、舅《しゅうと》・姑に気に入られなければ簡単に追い出されます。姑が嫁を何度も取り替えるなどということもありました。

†家制度と離婚の関係

その背景にあった、家制度と離婚の関係についてもう少し確認しておきましょう。

第1章で述べたように、当時の結婚とは家の維持の手段であり、跡継ぎが何より優先されました。

それゆえ、子を産めない嫁は当然のように離婚させられることになります。これは明治以降、武士的な家族規範が浸透したことに因ります。

少し時代は変わりますが、戦後になってもこうしたケースは数多くあったようです。ある女性が妊娠できないことを理由に夫とその家族から離婚を強いられ、その後別の男性と再婚し三人の子どもを授かった、なんていう話もあります。

つまり、妊娠できない原因は夫側にあった可能性が高いわけですが、生殖をめぐる医学が未発達であった時代にはすべて女性の責任にされていたのです。

江戸時代までの武士の結婚観を象徴的に示すものとしては、江戸中期に女子教訓書として広く読まれた『女大学《おんなだいがく》』（著者は貝原益軒とされる）があります。この中には、女性と結婚に関する規則を記した有名な「七去《しちきょ》」があります。

七去とは次のとおりです。

第一に「舅姑に順はざる女は去るべし」。つまり、女性は嫁いだ先に従順であることが求められる。

第二に「子なくは去る」。妻を娶《めと》るのは子孫存続という目的のためなので、子がなければ女性は離婚されるわけです。とはいえ、「妾に子あらば妻に子なくとも去に及ばず」とも書いてあり、妾が産んでくれるならば問題ないとも記されています。「家」の存続こそが結婚の目的とされたことが、よくあらわれています。

「七去」は、第三に「淫乱なれば去る」、第四に「悋気深ければ去る」、第五に「籟病などの悪き病あらば去る」、第六に「多言にて慎なく物いひ過すは親類とも中悪く成り家乱るるは物なれば去るべし」、第七に「物を盗心有るを去る」と続きます。

「家」の存続こそが結婚の目的

1898年から翌年にかけて『國民新聞』で連載された、徳冨蘆花のベストセラー小説『不如帰《ほととぎす》』の以下の場面は、象徴的なものです。これは、この小説の主人公である川島武男に対し、母親が「病気の妻と離縁しろ」と迫る場面です。

……病気すッが悪かじゃなッか。何と思われたて、川島家が断絶するよかまだええじゃなッか、なあ。それに不義理の不人情の言いなはるが、こんな例《こと》は世間に幾らもあります。家風に合わんと離縁《じえん》する、子供がなかと離縁する、悪い病気があっと離縁する。これが世間の法、なあ武どん。なんの不義理な事も不人情な事もないもんじゃ。

家の事情で嫁を追い出すことは、「世間の法」というわけです。

教育勅語に「夫婦相和シ」という有名な言葉があるように、戦前にも夫婦の愛情が必ずしもないがしろにされたとは言いきれません。

ですが、文部省による『家庭教育指導叢書』に「親子は目的で男女は手段である」とはっきり記されていたように、夫婦の愛情とはあくまで生殖能力に関連したものだったのです（磯野誠一・磯野富士子『家族制度』）。

明治民法では、「25歳未満の者が離婚するときは、結婚を承認した者の許可が必要」と明記され、双方の親の同意なくして離婚ができなくなります。

しかし、離婚が厳しくなり簡単に嫁を追い出せなくなるとなれば、今度は結婚するまでに慎重さが求められるようになります。

†足入れ婚

こうした状況で生まれたのがいわゆる「足入れ婚《あしいれこん》」（シキマタギなどさまざまな言い方がありますす）と呼ばれる慣習です。

足入れ婚とは、言うなれば、嫁として合格かどうかを判断するための試験期間のことです。法的に正式な結婚はしていないが、片足だけは夫の家に入っているというイメージですね。

一定期間婚姻届を役所に出さずに生活をともにする風習のことで、正式な入籍はしていないものの、女性は結婚生活と同じ扱いを受け、舅や姑が気に入れば入籍、気に入らなければ追い出されることになります。

妊娠あるいは出産してはじめて嫁として合格、ということもあり、子どもを産むまで籍に入れないことも多かったのです（現代では「できちゃった結婚」などと揶揄《やゆ》される妊娠きっかけの結婚が、むしろ慣習だったともいえるわけです）。

背景には戸籍をめぐる意識があります。日本には長らく「戸籍が汚れる」という言い回しがありました。

一度入籍してその後に離婚することになると、戸籍から抜けたことを示すため戸籍に「×」の印が記入されます。まだ戸籍が電算化されてはいなかった時代には、戸籍に文字通り「バツがつく」わけです。「バツイチ」の由来はここにあるともいわれますが、このことが「戸籍が汚れる」と表現された所以《ゆえん》です。

個人情報の管理が厳しくない時代には、第三者がある程度戸籍を自由に見ることができた時代もありました。

戦後になっても長らくは、就職面接で戸籍謄本を提出させられることもあり、その場で家族関係や家族事情をあれこれ詮索されることもありました。「戸籍が汚れている」ことは社会生活のさまざまな場面でスティグマになる可能性が高かったのです。

ちなみに、現在の戸籍簿では在籍者が死亡または離婚をしても「×」印はつかなくなり、かわりに「除籍」と記載されるだけです。

足入れ婚の慣習により、内縁も非常に多かったのです。内縁期間の妻は法的に不安定な地位に置かれました（この点はあらためて次の第4章で論じます）。

序章でも述べたように、今日では婚外子の割合は諸外国と比較して低い日本ですが、1903年は9・4％と、2020年の4倍近くとなる非常に高い数値でした。

跡継ぎの確保に関連して、養子縁組の話も付け加えておきましょう。

現在では、「日本は世界でもまれな養子小国」（湯沢雍彦・宮本みち子『新版データで読む家族問題』）などといわれることもあるのですが、戦前期までは世界でもまれにみる養子大国でした。


「戸籍が汚れる」ことがさまざまな場面でスティグマに

血縁が重視されなかったわけではありませんが、家系の存続が何より優先される家制度では、養子縁組による跡継ぎ確保も頻繁におこなわれました。

養子縁組の多くは家の継承を目的とするものであり、必ずしも子どもに限定されず、跡継ぎにふさわしい優秀な成人を養子として迎えることも多かったのです。

3 親権と「姦通罪」

戦前は、離婚後の親権は父の死亡又は所在不明を除いて父に専属していました。それゆえ、親権は法律上争いようもなかったのです。戦前からおおよそ1960年代ごろまでは、妻が子どもを連れて離婚することは生活上困難でした。

現在では、離婚後に親権を母親のほうが担う割合が8割を超えています。

しかし、3-3のグラフからわかるように、1960年代までは父親が親権を担う割合の方が高かったのです。1965年に初めて、母親が父親を上回り、その後上昇を続けています。

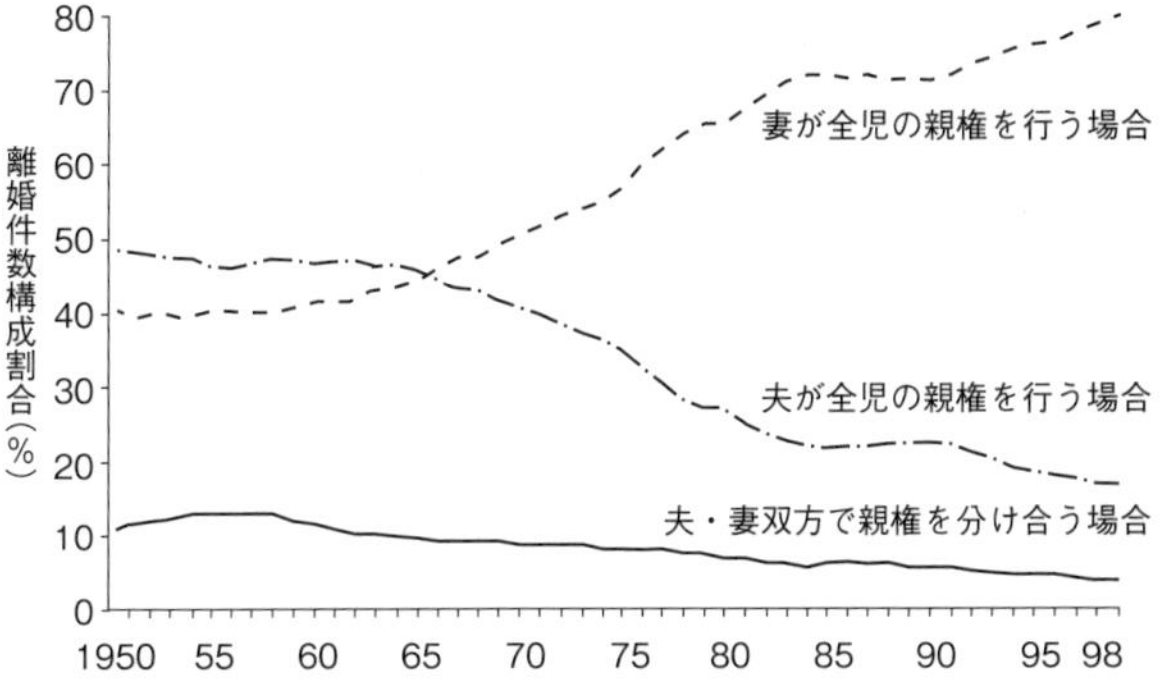

3-3　夫婦の親権を担う割合（厚生労働省「離婚に関する統計 5 親権を行う子の数別にみた離婚」より）

もう一点、男尊女卑的な当時の文化を象徴するものとして「姦通罪」をあげることができるでしょう。

近代日本では、夫の性の放縦《ほうじゅう》が容認されてきました。

一方で、妻の婚姻外の性関係を、家の秩序・社会道徳を乱すものとして「姦通罪」として処罰することを1880年の刑法で定めました。刑法には、「有夫ノ婦、姦通シタル者ハ六月以上二年以下ノ重禁錮ニ処ス」とありました。

つまり、既婚男性が婚姻外で性関係を持っても何らおとがめなしであるのに対し、既婚女性が婚姻外で性関係を持てば犯罪として処罰の対象になったのです。

背景には、姦通罪の主要な目的が不倫そのものを罰することではなく、「父親は誰か」を明確にすることにあったこともあります。妻の姦通は民法上の離婚理由と定められましたが、夫の姦通に対する妻の離婚請求は認められていませんでした。

実際には姦通の事実が世間に知られれば、自死を選ぶことも少なくありませんでした。例えば、1923年に夫のある婦人公論記者の波多野秋子が、妻を亡くした作家・有島武郎と恋に落ち離婚を要求したが認められず、姦通罪を恐れ心中した事件などは有名です。多くの文学作品でも悲劇的な姦通が題材となりました。

この姦通罪は戦後に廃止されます。とはいえ、現代でも男性の不倫と女性の不倫に対する世間の見方に大きな違いがあるのは、こうした歴史の名残と言えるかもしれません。

4 ジェンダーの視点で見る離婚

ここから現代の離婚について考えていきます。

近年離婚の増加にともなって、ひとり親世帯、特に母子世帯の貧困が社会問題となって

順位	国名	割合
1	デンマーク	8.2
2	フィンランド	12.5
3	ポーランド	16.4
4	エストニア	21.6
5	アイスランド	23
6	ノルウェー	23.1
7	ハンガリー	23.5
8	オーストリア	24.1
9	フランス	25.9
10	イギリス	25.9
11	スウェーデン	26.3
12	ギリシャ	27.7
13	オランダ	29.5
14	ドイツ	29.6
15	ポルトガル	30.2
16	トルコ	31.4
17	スロベニア	31.6
18	イスラエル	32
19	ベルギー	32.2
20	チェコ	32.8
21	ラトビア	34.5
22	アイルランド	34.5
23	メキシコ	34.7
24	オーストラリア	36.7
25	イタリア	37
26	スロバキア	37.3
27	スペイン	40.2
28	カナダ	41
29	ルクセンブルク	41.1
30	チリ	42.6
31	アメリカ	45.7
32	リトアニア	45.8
33	ニュージーランド	46.1
34	日本	48.1
35	韓国	52.9
OECD平均		24.6

3-4　OECD諸国におけるひとり親世帯の相対的貧困率（OECD Family Database “Child poverty” より内閣府男女共同参画局作成）

いるのも事実です。

厚労省「令和3年度全国ひとり親世帯等調査」によれば、日本の母子世帯数は119・5万世帯、父子世帯数は14・9万世帯です。平均年間収入は母子世帯で272万円、父子世帯で518万円となっています。

OECDが公表したデータによれば、子どものいるひとり親世帯の相対的貧困率は、OECD平均が24・6%のなか日本は48・1%であり、比較可能な35カ国中で韓国に次いで高い数値となっています。

ひとり親世帯の8割以上が母子世帯であり、この数値は母子世帯の状況を反映したものとなっています。さらに父親から養育費を受け取っている母子世帯はここ数年上昇傾向にあるものの、28%程度に過ぎません。これにより子どもの教育達成が低いことや、貧困の世代間再生産の問題も指摘されます。

日本の特異性としては、「母親の就労率が高いのにもかかわらず、経済状況が厳しく、政府や子どもの父親からの援助も少ない」ことも指摘されてきました（阿部彩『子どもの貧困』）。

†離婚の増加はわるいことなのか

しかし、離婚の増加を単に否定的にとらえることには注意が必要です。

離婚の増加はしばしば「家族の崩壊」、ひいては「社会の崩壊」の兆候などとみなされます。

しかし、戦後長らく離婚が抑制されてきた大きな要因として、強固な性別役割分業規範の存在をあげることができます。

長らく「妻子を養うことが男の甲斐性」と言われてきたわけですが、これは妻が夫に経済的に依存しなければ生きていけない状況を意味し、女性は経済的自立の困難ゆえに、たとえ家庭内に問題が生じていても離婚の選択ができない状況にあったのです。

さらに、離婚した女性は離婚した男性以上に負のレッテルを貼られる傾向にありました。多くの女性にとって、たとえ結婚生活がどれだけ不幸だとしても、離婚するよりはマシな状況だったわけです。

1970年代以降の離婚増加の要因としては、個人の自由や権利が尊重されるようになったことはもちろんですが、女性の経済的自立の可能性が高まったこと、あるいは、DVや児童虐待などの家庭における暴力の社会的認知や法整備が進んできたこともあげられます。

離婚によって子どもが不幸になるから離婚は「子どものため」にすべきではない、という意見は今なお根強いです。

しかし、家族関係というのは、他の人間関係に比べても、暴力や支配の関係に転化していくリスクが高いものです。現在でも殺人事件における加害者・被害者の関係は「家族」が一番多いのです。そういった点からも、関係から離脱する選択肢が用意されなければなりません。

現代社会は、人々の「意識」の次元では離婚をすることの自由が広く容認

家族関係は暴力や支配の関係に転化するリスクが高い

されています。現在において、「たとえDVや虐待があったとしても夫婦関係を継続すべきだ」と考える人はほとんどいないと思います。

しかし、意識や規範の面では離婚の自由が認められる一方、女性の就労やシングルペアレントに対する法・制度的支援が未整備のままであり、これが特に女性の貧困を促進しているといえるでしょう。

ここで、序章で述べたような障害の社会モデルの考え方が大事になります。離婚によって生じる諸問題を個人に帰責するのではなく、社会的な責任でとらえなおすことが重要です。

OECD諸国のなかで、日本のひとり親世帯の貧困率がきわめて高いことは、日本社会がいわゆる「標準」とされる家族形態から外れたときに一気に転落してしまう社会だということを意味しています。

重要なのは、離婚の増加それのみを過剰に問題視することではなく、ひとり親世帯への生活・教育支援や女性の就労支援を充実化させることだといえるでしょう。

法律や制度的支援の不足が女性の貧困を促進している

5 退出と発言

この問題を考えるときに、政治経済学者のA・O・ハーシュマンの有名な概念である、退出（exit）と発言（voice）の視点が参考になります。

例えば、携帯電話をA社で契約している人がそのサービスに不満が生じたとき、A社に対して、「もう契約を解除して、もっとサービスの良いB社に替えます」と伝えるとします。それを聞いたA社の側は、自分たちのサービスを改善するよう態度を変化させるかもしれません。

これは、現在の関係から退出する選択肢があることによって、相手に自分の意見を発言できる状態です。つまり、「退出」の可能性こそが「発言」を可能にし、発言によって相手の態度や意見に修正を促す可能性が生まれるということです。

戦後長らく日本の多くの女性にとって、結婚は退出というオプションが存在しないものでした。退出の選択肢がないことは発言の可能性を奪います。

スウェーデンの社会学者アーネ&ロマーンは、「離婚の可能性は通常、結婚生活における女性の交渉の立場を強化する」と述べていますが、退出の不在は権力や資源を持つ夫の支配を確立し、妻が夫の言いなりにならざるを得ない状況を生み出してしまうのです(『家族に潜む権力』)。

†隠れた権力

「言いなり」という言葉は少し強すぎるのでは、と思う人もいるかもしれません。「言いなり」にもさまざまな次元があります。ここでは、夫婦間で生じる権力関係のさまざまなタイプを確認しておきましょう。

まず、権力を持つということは、資源を多く持つ側が自分の思いを通せる可能性を高めることです。

権力には、表立ってあらわれる権力だけではなく、「隠れた権力」というものがあります。「~しろ!」「~するな!」といった命令のような明確な権力表示だけでなく、相手の否定的な反応が予想できるのならば最初から争いにならないように調整することもあるでしょう。表立っては「問題にされない」あるいは「決定されない」事柄も権力分析の対象にしなければなりません。

社会学者のコムターは、隠れた権力がどのような選好を作るかを分析し、権力を「明らかな権力」、「潜在的権力」、「不可視的権力のメカニズム」の三つのタイプに分類しています(A. Komter, "Hidden Power in Marriage")。結婚生活にもこうしたさまざまな権力のタイプがあります。

例えば、もし妻が夫に向かって「収入の高いフルタイムの仕事に就きたい」と主張した際、夫が「だめだ」と妨害すればこれは「明らかな権力」です。

しかし、妻が「どうせあの人に伝えても喧嘩になるだけだし……」と思って、そもそもこの問題を話し合うことをやめれば、それは「潜在的権力」だということになります。

さらに3つ目に、双方が夫の仕事のほうが大事だと考え、女性がそもそも希望を断念している状態であるならばそれは「不可視的権力」だとされます。主観的な次元では、本人同士が合意して納得している状態にみえますが、表面的な合意も権力構造によって形成されたものとみることができるのです。

アーネ&ロマーンを引用すれば、「行為者が強く社会化され、あるいは規

夫婦関係には
見えない権力がある

範や文化的価値に教化されているために、第三者にとっては、行為や状況が一方の利益に反することが明らかであるにもかかわらず当事者たちは利害の不一致や対立をほとんど感じない」状況ということになります（アーネ&ロマーン『家族に潜む権力』）。

このように、夫婦関係には目に見える権力のほかに、さまざまな隠れた権力があります。不可視な権力については、双方が合意しているのだから別によいではないかと思うかもしれませんが、ここに不平等が潜んでいることもあります。こうした隠れた権力による抑圧や暴力に対抗するうえでも、社会が「退出」の選択肢を整備する必要があります。

6　再婚とステップファミリー

未婚化の進行によって婚姻件数が減少するなか、実は再婚件数は増加しています。

２０２０年の「人口動態調査」によれば、日本の結婚の26・7％が再婚です。結婚の４組に１組以上が再婚なのです。その内訳は、夫妻ともに再婚が９・８％、夫側のみ再婚が９・３％、妻側のみ再婚が７・０％となります。

それにともない増加しているのがステップファミリーです。

ステップファミリーとは、「結婚によって継親子《けいしんし》関係を含むことになった家族」（野沢慎司・菊地真理『ステップファミリー』）のことです。

再婚家族と微妙に異なる点は、必ずしも再婚ではない場合も含むからです。例えば、結婚せずにシングルマザーとなった人が新たに結婚した場合は初婚ですが、ステップ関係（継親子関係）が生まれるため、ステップファミリーになります。

ステップファミリーは、継親子関係の形成においてさまざまな困難に直面する傾向にあります。ステップファミリーの家族形成が難しいのは、社会が「初婚の両親がいる核家族」を前提につくられているからだと指摘されます。

家族をつくるための適切なロールモデルが足りない

家族形成についての適切なロールモデルが欠如している状況をアメリカの家族社会学者アンドリュー・チャーリンは「不完全な制度」と表現しました。

ステップファミリーについての、法制度や規範、ガイドラインが社会に欠如しているため、継親と継子に関する適切な役割遂行や呼称などがなく、日常生活で生じるさまざまな困難を自分たちで解決しなくてはいけないというわけです。

アメリカでは、1970年代以降、再婚の増加を背景にステップファミリーに関する研究が蓄積されてきました。

研究に基づいて、ステップファミリーに対するさまざまなプログラムやガイドラインが用意されるようになりました。親や子どもに対するカウンセリングやイベントで他の家族と交流会を開くなどのイベントもあります。SAAという団体がこうした「制度化」のための活動を先導しています。

近年日本でも、SAAとのつながりからSAJという組織が誕生しました。SAAにならってプログラムやガイドラインが形成されつつあり、今後は社会的な認知度や理解が高まっていくことが期待されます。

†ステップファミリーの困難

ステップファミリーの家族関係の困難を考える際に、「ステップファミリー神話」と呼ばれるものがあります。

具体的には、「一緒に暮らせば家族になれる」「初婚の家族と同じような親子関係・家族をめざすべきだ」「離れて暮らすもう一人の親とは会わせないほうが子どものために良い」

などがあげられますが、これらはステップファミリーに対して人々が抱いている誤った理解です（SAJのホームページ参照）。

日本におけるステップファミリー研究を牽引し、そのサポートに尽力し続けている野沢慎司は、ステップファミリーが経験するストレスの背景を以下5点に整理しています（野沢慎司「ステップファミリーと家族変動」）。

第一に、「喪失経験からの出発によるストレス」です。離別にせよ、死別にせよ、ステップファミリーの多くは喪失の経験を有するため何らかのストレスを抱えやすいという特徴を持っています。

3-5　SAJの冊子（ホームページ https://saj-stepfamily.org より）

第二に、「家族経験の衝突によるストレス」です。それぞれが経験してきた家族の習慣や指針が衝突しやすい。特に、互いが再婚の場合などは、子どもの教育方針や家事遂行をめぐって以前の結婚の状況との違いからストレスが生じることもあるということです。

第三に、先に親子関係があって後から夫婦

関係と継親子関係を築くという特徴に由来する困難です。継親が継子をわが子のように愛せないことや、パートナーをめぐって嫉妬が生じるなどのストレスが高まるケースが多いとされます。

第四に、もう一人、血縁のある親が存在することです。それによって、どちらが「本当の親」なのか、どちらが「良い親」なのかといった意識・葛藤によるストレスが生じることがあるのです。

第五に、社会の中に十分な制度的基盤がないことです。これは先に述べた「不完全な制度」の指摘に重なります。

現代日本の制度は「初婚継続家族」を前提として組み立てられているがゆえに、制度上の不利益だけでなく、社会的偏見などのさまざまなストレスや困難にさらされるのです。

†初婚家族幻想から出る

さて、こうしたストレスや困難をどう考えるべきでしょうか。

ここでも障害の社会モデル的な視点が求められます。ステップファミリーにおいては必然的に上記の困難が生じると考えるのではなく、こうした困難が生じる環境や社会状況に目を向ける必要があります。

ステップファミリーにおいて、特に重要な問題として挙げられるのが、「実の親になろうとして頑張りすぎてしまう」ことです。

例えば、「今日からこの人をパパって呼びなさい」という言葉が象徴的なものです。ほかにも、パートナーに対する「自分の子どもだと思ってね」という発言、周囲からの「新しいお父さん（お母さん）ができてよかったね」という発言、「ふつうの家族と同じだよね」とか「生みの親よりも育ての親だよ」とか、「実の親子みたいだね」などといった発言は、一見どれもあたたかいやさしさからの言葉に聞こえますが、注意しなければいけない言葉です。

継親は、継子に早く自分を「本当の親」だと思ってほしいと考える。自分が新しい「本当の親」なのだ、そうならなければいけないのだと考える傾向があります。

しかし、これが一番の問題です。子どもは急に「この人が本当の親だ」と言われても受け入れられないことが多いでしょう。継親の側も子どもになかなか受け入れてもらえないことにストレスを募らせることになるでしょう。

「正しいモデル」ではなく柔軟な家族モデルを考える

これは必ずしも時間が解決する問題ではありません。重要なのは、どのような関係を築くかというスタンスです。

ステップファミリーの家族形成において何より重要なのは、「初婚の両親がそろった家族」を再現しようとする「初婚家族幻想」にとらわれず、柔軟な家族モデルを模索することです。

重要なのは、あらかじめ決められた「正しいモデル」に向かうことではなく、コミュニケーションの積み重ねによって自分たちにとって適切な関係のモデルを構築することだといわれます。

†代替モデルから継続モデルへ

野沢慎司と菊地真理は、多くの当事者に関する調査研究に基づき、ステップファミリーにはふたつのタイプがあると指摘します（野沢慎司・菊地真理『ステップファミリー』）。

ひとつ目のモデルは「代替モデル／スクラップ&ビルド型」と呼ばれるものです。

このモデルでは、いなくなったパートナーの代替として新しいパートナーを位置づけ、継親は実親に代わって実親のような役割を果たすことを期待します。同時に、子どものもう一人の親は「存在しないもの」と位置づけられます。

対照的なもうひとつのモデルが「継続モデル／連鎖・拡張するネットワーク型」です。別居している親も子どもの親としての役割を継続することが期待され、継親は別居親に入れ替わるのではなく、親とは違った存在となります。その位置づけとは、おばさんやおじさんでもよいし、友達でもよい。

欧米では、蓄積された多くの研究に基づき、「継続モデル／連鎖・拡張するネットワーク型」が制度化されてきました。1960年代ごろより離婚法の改正が進み、離婚後の単独親権から共同親権・共同監護制への変更が進められます。「親子の分離不可性」を前提として、夫婦関係の終わりが親子関係の終わりではないとしているわけです。

ステップファミリーはblended familyやextended familyと呼ばれることもありますが、それはカップルの関係は壊れても、親子関係は壊さないために、子どもを軸に家族が拡がっていく新たな家族の形であるという意味合いが込められています。

対照的に、日本では現在も面会交流の実施率が低く、「代替モデル／スク

夫婦関係の終わりが親子関係の終わりではない

ラップ&ビルド型」が制度的なモデルといえます。多くの当事者の行動や意識もこのモデルに拘束されている状況です。

このモデルでは、継親子間や実親子間の葛藤が高くなり、子どもの適応が難しくなるなどのリスクがあるとされます。日本でも、「継続モデル／連鎖・拡張するネットワーク型」を取り入れる必要が指摘されています（SAJ・野沢慎司編『ステップファミリーのきほんをまなぶ』）。

7 「ふつう」から自由になる

以上、本章では離婚と再婚について考えてきましたが、あらゆる面から、「標準家族」を前提とした社会制度を見直すことが必要不可欠だということがいえるでしょう。

ひとり親家族やステップファミリーでは、自分たちが思い描く家族生活にならないことでストレスを抱えてしまうことが多々あります。

しかし、野沢慎司が指摘するように、「ふつうの家族」になることを目指し、「当然こうなるはずだ」という思い込みを疑うことなくがんばってしまうことこそが、問題を深刻化させたり、不満を増大させたりする例が多いのです。

少なくとも、短期間に特定の家族モデルを目指すのではなく、現状に応じた柔軟な関係性を意識的に構築することが大切になります。

離婚・再婚の話にとどまらず、たとえ初婚継続家族であっても、この「柔軟な家族モデル」は今後の社会全体において重要な指針になるでしょう。

†家族の常識を問いなおす

是枝裕和監督の『そして父になる』という映画があります。この映画は離婚や再婚を主題とした映画ではありませんが、われわれがとらわれている「家族の常識」に問いなおしを迫るという点で、ここでの議論の参考になるかと思います。

この映画は、実際に日本で起こった「新生児取り違え事件」をモチーフにしたフィクションです。

建築家の野々宮良多と妻のみどり、6歳で一人息子の慶多は3人家族として過ごしていました。ある日、良多とみどりは、慶多が生まれた病院から呼び出されます。斎木という別の夫婦の息子が小学校進学に際して受けた血液検査で両親と血液型が一致せず調査した結果、出生時に看護師によって子どもの取り違えが起きていたことが判明したというのです。良多たちの実の息子は慶多ではなく、斎木家の琉晴でした。

この映画はそこから始まる家族の葛藤の物語です。

私たちはこの映画を見ながら次のような感想を言い合うでしょう。

「自分だったらこれまで一緒に過ごした時間をとる」

「いや、結局自分は血のつながりをとるかもしれない」

実際、最初に映画を見たとき私もそのような枠組みで考えていました。血をとるか、一緒に過ごした時間をとるか——。

しかし、このままの状態を続けるか、子どもを交換するか、どちらを選択したにせよ、当事者にとって残酷な現実であることに違いはありません。

この映画は「子どもと一緒に過ごした時間か、それとも血のつながりか」を視聴者に問う作品に思えます。

映画のラストシーンは曖昧です。実際、大学の講義で鑑賞した際も、「結局どっちを選んだのかわからない」と消化不良に思う学生の感想も多くありました。

是枝監督があえてこうしたラストにしたことには意図があると思います。この映画が問いかけるのは「われわれの思い込みって正しいの？」という問題提起でしょう。なぜわれわれはどちらかを選択しなければならないのか？　そもそも「時間か、血のつながりか」というふたつの選択肢だけなのだろうか？

例えば、現状の同居形態を維持しながら、もはや「他人」とはいえない野々宮家族と斉木家族が、言うなればひとつの拡張した「家族」として今後生きていくという選択肢もあるのではないか？

家族と他人をそれほどはっきりと境界づける必要があるのだろうか？「どちらが本当の親か？　どっちの親を選ぶのか？」という思考そのものを疑ってみてはどうだろうか？

父親と母親は一人ずつじゃなければだめなのだろうか？

われわれの家族をめぐるステレオタイプに疑問を突きつけるわけです。取り違えそのものが悲惨な事件であることは揺るがぬ事実ですが、常識的な枠組みを超えることで見えてくるポジティブな可能性があるのではないかということです。

家族や結婚にまつわる思い込みを疑ってみる

このような「当たり前」を超えたところに解決策が浮かび上がる問題は多くあるように思います。

ひとり親家族やステップファミリーの問題もまさに家族に対する思い込みを脱するところに鍵があります。ひとり親家族やステップファミリーに限らず、「ふつう」から逸脱したことで思い悩む人々は多くいるでしょう。

われわれがとらわれている家族や結婚の思い込みを脱して、柔軟な家族関係を築くこと、それを支える社会の仕組みをつくることが大事になっているのです。

第4章

事実婚と夫婦別姓

1　結婚から分離する出産と子育て

未婚率の上昇によって、出生率が低下しているというのは、多くの人にとって疑う余地のない常識となっています。しかし、序章でも述べたように、先進国のなかには、婚姻率が低下しているにもかかわらず、安定的な出生率を維持している国も多くあります。

このような事態を理解するうえで注目すべきは、結婚をしないで同居するカップル、すなわち事実婚や同棲の増加です。

日本でも妊娠が結婚の先となる妊娠先行型結婚が増加傾向にありますが、妊娠が分かれば、出産するまでには婚姻届を出し、出産の時点でほぼすべてのカップルが結婚しているという状況があります。これは、「子どもは結婚している夫婦から生まれなければならない」という嫡出規範が強いことを意味します。

一方、欧米社会の状況を見ると、「結婚している夫婦が子どもを産む」ことが自明のことではなくなりつつあります。

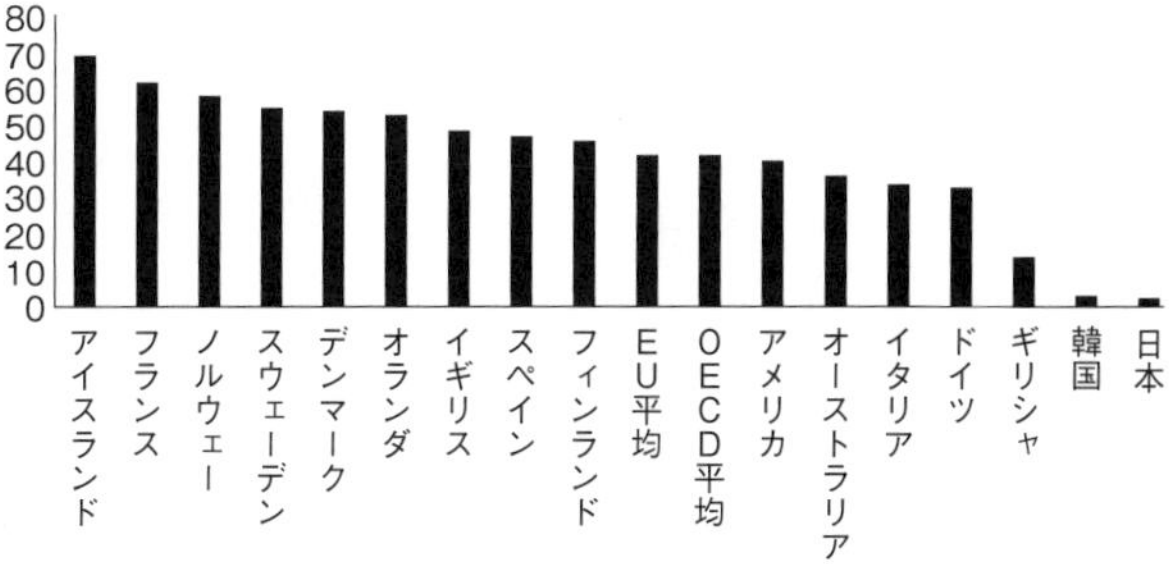

4-1　OECD 諸国の婚外出生割合（OECD Family Database 2020 より）

４－１のグラフは、先進諸国の婚外出生割合を示しています。OECD Family Database によれば、２０１８年時点の婚外出生率は、日本が２・４％であるのに対し、ＥＵ平均、ＯＥＣＤ平均ともに40％を超える数値となっています。

欧米の多くの国で同棲が「結婚の代替」として受容され、法律婚カップルと同等の生活保障を与えられています。

結婚を前提とした同棲だけではなく、結婚の代替としての同棲が一般化しており、欧米諸国では婚姻制度以外の共同生活を保障するさまざまな制度が確立されてきました。出産・子育てが婚姻制度から分離してきています。

現代の結婚について考えるうえでは、婚外パートナー関係や婚外出生率の増加が何をあらわしているのかをじっくり検討することが不可欠です。

本章では、法律婚の外側で形成されているパートナー関係や家族関係について考えていきます。

2 同棲の普及

欧米社会では、伝統的に婚外の同棲が多かったわけではありません。

キリスト教道徳は婚外の性交渉を厳しく禁じており、長らく結婚しないで男女が同棲することは living in sin（罪に生きる）と呼ばれ、不道徳なことだとみなされていました。婚外子は道徳に反する者（bastard）とされ、法的・社会的な差別を受けたのです。

妊娠が結婚よりも先に来ることは、「ショットガン・マリッジ」とも呼ばれ不道徳とされました。結婚前に娘が妊娠したことに激怒した父親が、娘の彼氏にショットガンを向けて「責任をとれ！」と迫ったエピソードから生まれた言葉と言われています（ちなみに以前韓国からの留学生に聞いた話では、韓国では妊娠が結婚より早くなることを「スピード違反」と呼ぶそうです）。

†同棲カップルはなぜ増えたのか

そのような欧米社会で、この40年間に家族をめぐって生じた最も大きな、そして誰も予想していなかった変化が、結婚をせずに同棲するカップルの増加です（Nazio, *Cohabitation, Family and Society*）。

1980年代ごろまでは、同棲というのはあくまで結婚までの一時的な形態という見方が支配的でした。現在では、法律婚を選択せず、出産・子育てまでが結婚しないでおこなわれることも珍しいことではありません。

それゆえ、いまや家族研究では、同棲カップルは決して無視することのできない存在となっています。家族研究のテキストの丸ごと1章分が、同棲の話に割かれていることも少なくありません。

欧米では、1960年代から70年代頃より、徐々に同棲が普及し始めました。この普及プロセスについては、おおよそ三つの段階で説明されることが多いです。

第一段階は、「アヴァンギャルド現象」としての増加です。

すなわち、同棲が結婚制度への抵抗的な実践と位置づけられる段階です。いわゆる対抗文化（カウンター・カルチャー）として、「逸脱」と位置づけられました。

同棲が普及し始めたこの時期は、男女の不平等や人種差別への抗議など個人の権利をめぐる公民権運動が活発化した時期でもありました。既存の社会制度に対する抵抗を示す、新たな生活スタイルとしての同棲が台頭したのです。

第二段階は、「同棲から結婚へ」というライフコースの標準化です。

１９８０年代ごろになると、同棲を経由せずに直接結婚に至ることのほうが、むしろ少数派となっていきます。結婚前に同居することで、将来の配偶者との相性を確認するという「トライアル」のプロセスが一般化しました。以前欧州の人に、結婚する前に同棲することの少ない日本の現状について話した際、「一緒に暮らしもしないでなぜ結婚相手にふさわしいとわかるのか？　おかしい！」と驚かれたことがあります。

そして第三の段階は、同棲が結婚の代替（オルタナティブ）、あるいは、結婚とほとんど区別できないものとして受容される段階です。

１９９０年代後半ごろより北西欧諸国では、同棲カップルにも法律婚カップルと同等の

90年代後半の北西欧諸国では
同棲と結婚に大きな差がなくなった

生活保障を与えることで、同棲と結婚のふたつに大きな差がなくなる事態が生じました。

この点は次の章で詳しく論じますが、パートナーシップ制度に登録することで、法律婚をせずとも税や社会保障、相続、財産の分割といった法律婚に与えられた権利の多くが同棲カップルにも適用されることになったのです。多くの国で、婚外子に対する差別的な法律も撤廃されていき、結果として婚外出生の割合も増加したのです。

3 同棲を選ぶ理由

それでは、なぜ若者たちは結婚ではなく同棲を選択するようになったのか。同棲を選択した理由については多くの調査結果があります。

すでに述べたように、同棲は、普及した初期段階では結婚制度への抵抗という性格を色濃く持っていました。しかし、1990年代以降の調査を見ると同棲の意味が大きく変わっていることがわかります。

たとえば、2008年にアメリカでおこなわれた調査では、同棲する理由の回答として、

「パートナーとより長い時間一緒にいたい」が61・2%で圧倒的に多く、次いで「経済的なメリット」が18・5%、「パートナーとの関係をテストするため」が14・3%、「結婚制度を信じていないから」が6・0%という結果となっています（Rhoades et al., "Couples' Reasons for Cohabitation"）。

注目すべきは、結婚ではなく同棲を選ぶ主要な動機と思われていた、トライアル（お試し）や結婚制度への不信の比率がきわめて低い比率となっていることです。

多くの調査で同様の結果が明らかにされています。現在では、同棲は必ずしも結婚と直結するものではなく、もっとカジュアルな交際の一形態として市民権を得ているとも指摘されます（Casper & Bianchi, *Continuity and Change in the American Family*）。

†社会構造の変化

そのほかにも、同棲の選択理由に関してはさまざまな見解が示されます。

たとえば、社会階層的な視点からは、親の所得や離婚経験が子の同棲選択に強く影響を与えるというデータがあります。国の同棲普及率の度合いにかかわらず、この傾向は共通に確認されます。

子どもは、不幸な家庭環境から早急に逃れる手段として新たな関係性としての同棲を求める傾向があり、同棲は親の離婚や再婚を経験した子どもが選択しやすいものだと指摘されています（Amato & Booth, *A Generation at Risk*）。

1990年代以降の若者の結婚回避と同棲の増加については、社会構造の流動化や不安定化という視点から分析する社会学者もいます。ドイツの社会学者E・ベック－ゲルンスハイムは、若年層を中心に増加する同棲をリスク低減戦略だと分析しています（Beck-Gernsheim, *Reinventing the Family*）。

彼女によれば、現代では、人々が結婚や再婚に踏み切るときには、否応なく高い離婚統計のような情報を参照にします。あるいは、社会の流動性の高まりや経済・労働市場の不安定化といった構造的条件を考慮に入れます。

自分自身や社会状況に対する若者のリスク意識が高まっており、その結果、結婚を忌避し同棲のような緩やかな関係性を選択するようになったという指摘です。

流動的な社会で、結婚のような固定的な関係に参入することを回避する傾向が同棲の選択につながっていると言うことができるでしょう。

同棲が増えたのは
社会構造の流動化と関係がある

このように、欧米社会の多くで社会構造の変化が若者を法律婚という選択から遠ざけているといえます。

一方、日本はそれとはいくぶん異なる状況にあります。以下では日本の状況について確認していきましょう。

4 事実婚とは何か

欧米社会の多くで社会構造の変化が若者を法律婚以外のパートナー関係に導いている一方で、日本は今なお結婚外で同居するカップルが少ない社会です。

日本では、結婚をせずに同居するカップルは大まかに「内縁」と「同棲」のふたつに分けることができます。

内縁は、婚姻の届け出はなくとも婚姻意思をもって事実上夫婦として共同生活を営んでいる男女のことで、「婚姻に準ずる関係」としてある程度の法律上の効果と保護を認める概念です。

このような、事実上結婚している状態にある二人の関係のことを、近年では内縁ではなく「事実婚」と呼ぶことが増えています。

†事実婚の定義

事実婚の定義ですが、実はこれがなかなか簡単ではありません。

事実婚に明確な定義はなく、法律用語としては確立していない状況であり、法律には内縁という言葉があるのみです。日本では、内縁に一定の婚姻上の効果を付与する方向で、法解釈においてその保護を拡大してきた歴史があります。

内縁の成立には、第一に「婚姻意思があること」、第二に「共同生活の実態があること」が必要とされています。

結婚式をおこなったかどうか、親族や知人などの周囲がどの程度認識しているかどうか、共同生活の具体的内容・継続状況などを客観的基準として判断されることになります。単なる「同棲」との違いについては、世帯変更届により住民票で続柄を「妻（未届）」「夫（未届）」と記載しているのが事実婚

事実婚当事者の
結婚についての考え方もさまざま

カップルだという場合もあります。

とはいえ、これをしていないと事実婚ではないかというと、必ずしもそうとも言えません。

身もふたもない言い方になりますが、本人たちが事実婚だと言っているのであればそれは事実婚なのであり、事実婚それ自体は当事者の主観に依存する部分が大きいのです。反対に、客観的には「事実婚」と称してかまわない人でも自分たちのことを「事実婚」だとは認識していないカップルもいると思います。

法律婚とは違うかたちで同居しているカップルには、事実婚のほかに、同棲や非婚カップルなどさまざまな名称がありますが、それぞれの立場や考え方に違いがある場合が多いです。

事実婚に関して先駆的な研究を蓄積してきた社会学者の善積京子は、「事実婚」や「同棲」「非婚」などを含めて、「非法律婚」と総称しています。善積が、非法律婚という用語をチョイスしたのには複雑な経緯があります（善積京子『〈近代家族〉を超える』）。「事実婚」という言葉は「事実上の結婚」のことをさすため、結婚に否定的であったり自分たちは「結婚をしているのではない」と考える人たちに拒まれることがあります。かといって、すべてを「非婚カップル」と称してしまうと、「自分たちは結婚しているのだ」と考えている当事者からは嫌悪感を示されることもあるのです。

ちなみに、筆者がこれまでに事実婚当事者におこなったインタビュー調査では、「内縁」と「同棲」のどちらの言葉に対してもネガティブなイメージを持つ人がほとんどでした。特に内縁には後ろ暗いイメージがつきまとうため、「事実婚という言葉が広まったおかげで助けられた」と語る人が複数いました。

事実婚と自らを称する人たちのほとんどは、「結婚している」という意識を持ち、二人の関係を周囲にオープンにしており、夫婦として認められています。

いずれにせよ、客観的には「内縁」や「同棲」と括られる人々の意識には多様性があり、当事者それぞれの意図や思いに配慮することが大事です。

5　内縁の多かった戦前日本

前章でも少し触れましたが、歴史的に見てみれば、日本は欧米諸国よりもはるかに内縁の多い国でした。そのことを示す興味深いエピソードをひとつ紹介しておきましょう（山室軍平著『社会廓清論』1914）。

1913年の話です。

当時内務大臣だった原敬は、国民の志気を上げる方策として日本が欧米列強と並ぶ一等国であることをデータで示そうとし、「各国国力比較表」なるものを作成しようと考えました。原は部下たちに日本が誇るべき「世界一」のデータを探してくるよう命じます。部下たちは世界一のものがふたつだけあったと言って戻ってきましたが、そのふたつとは「離婚の数」と「私生児の数」でした。原は落胆してこの画策を諦めたそうです。「私生児」が多かったのは当時の日本で内縁関係が多かったことに因《よ》ります。

ではなぜ内縁が多かったのか。

当時の日本では、内縁は家制度と密接に結びついていました。法律の知識や手続きが農村部にまで十分に浸透していない等の理由もありましたが、前章でもふれた足入れ婚や妾慣行など家制度にまつわる規範や慣習のために、正式な法律婚から締め出された女性が多く存在したことが大きな要因です。

†事実婚が封建的？

それゆえ、戦後になると内縁（事実婚）は戦前の家制度を批判する立場から問題視されるようになります。

家族関係の民主化を唱えた川島武宜《たけよし》や我妻榮《わがつまさかえ》、中川善之助《ぜんのすけ》といった戦後を代表するリベラルな法学者たちの多くが、事実婚を否定し、法律婚主義を徹底すべきだと主張していました。

戦後間もないころは、事実婚こそが「封建的」であり、法律婚こそが「民主的」と考えられていたのです。事実婚を否定し、法律婚の定着を民主化の指標ととらえるこのような見方は、1980年代ごろまで維持されていました。

つまり、最近まで法律婚主義は必ずしも「保守」の側の主張ではなかったのです。あくまで、事実婚（内縁）をなくすことこそが民主的な社会の課題と認識されていたのです。

日本が高度成長の時代に突入し、女性の専業主婦化が進行していくなかで

戦後すぐは
事実婚が「封建的」だとされた

事実婚の存在はほとんど話題に上らなくなりました。

事実婚が再び注目を集めるようになるのが1980年代後半です。男女雇用機会均等法も施行されたこの時期、「夫婦別姓」が社会問題として浮上したことが大きな理由です。

男性が稼ぎ手として働き、女性が専業主婦になることが当然視された時代には夫婦の姓をめぐる問題はあまり表面化されることはありませんでした。しかし、医師や弁護士、研究者など個人名で仕事をする女性も増加するにつれ、夫婦同姓を強制する制度によって不利益を被《こうむ》る人々が徐々に声を上げ始めたのです。

「夫婦別姓」の議論によって事実婚の捉え方が変わった

事実婚に対する社会のまなざしも大きく転換します。

それまで事実婚は古い慣習のために、否応なく発生する現象として認識されていました。しかし、このころより当事者が自発的に選択する場合もあることが認識されるようになります。

戸籍制度への不信や拒否から事実婚を選ぶ人たち、あるいは、職業上の理由などから姓の変更を拒むために事実婚を選択する人たちの存在が、徐々に社会的に認知されるようになったのです。

6　事実婚と夫婦別姓のつながり

戦後の民法改正によって結婚後に夫婦どちらかの姓を選ぶことが可能となったわけですが、2022年の厚生労働省の調査によれば、今なお結婚した夫婦の94・7％が男性側の姓を選択している状況です。

夫婦が同じ姓を名乗るというのは多くの日本人が抱いている「常識」です。

しかし、結婚した夫婦が必ず同じ姓を名乗らねばならないと法律で規定しているのは、国連加盟国では日本だけなのです。2020年には、国会において当時の上川陽子法務大臣が、「現在、婚姻後に夫婦のいずれの氏を選択しなければならない夫婦の同氏制を採用している国は、我が国以外には承知しておりません」とはっきり答弁しています。

†海外の夫婦別姓

海外の姓についての事情は、2021年に刊行された栗田路子らによる『夫婦別姓』が大変参考になります。それをもとに少しだけ例をあげておきましょう。

イギリスでは同姓・別姓が可能であり、それ以外にも二人の姓を連結することや新しい姓をつくることも可能です。

実は、姓のみならず自分の名前も変えることができます。姓名の事柄は「個人の事情」であり、国家が関与すべきではないとされているのです。夫婦が別姓の場合は、子どもには双方の姓をつないだ併記姓や連結姓を与えるケースが多いようです。

アメリカでは、州によって制度の手続きは異なっていますが、基本的には同姓・別姓・連結姓・合成姓・創作姓などが自由に選択できます。とはいえ、日本と同じように、妻の姓を夫の姓に変更する夫婦同姓が今も7割程度を占めており、夫の姓を妻の姓に変更する夫婦同姓はきわめて少ないようです。

もともと日本が制度の手本としたドイツでは、長年「夫婦同姓」が原則でしたが、1993年の法改正により選択的夫婦別姓制度が成立しました。結婚した夫婦には、同姓・別姓・連結姓の選択肢が用意されています。

2018年の発表によれば、結婚したカップルの姓は「夫の姓による同姓」が74%、「妻の姓による同姓」が6%、「別姓」が12%、「連結姓」が8%とのことで、すなわち男性の93%は姓を変更しておらず、女性19%に比べて圧倒的に多いようです。

いずれの国でも、夫婦の姓をめぐるジェンダー規範が解消されているとは言えませんが、日本とは違い、法制度上は多様な選択肢が用意されています。

†日本の事実婚の特殊性

国連は日本政府に対して繰り返し、夫婦同姓を強制する現在の制度を是正するよう勧告をおこなってきましたが、日本政府は頑《かたく》なに法改正を拒んでいます。

日本における事実婚の特殊性は、「夫婦別姓のため」に事実婚を選ぶケースが多いことにあります。

同姓も別姓も、あるいは結合姓や創作姓が自由に選択できる他の国では、夫婦別姓だけを目的に事実婚を選択するということはほとんどありません。

しかし、日本においては、夫婦が異なる姓のままでいようとするならば、事実婚を選ぶしか方法がないわけです。

それゆえ、法律婚を望んでいたり、「結婚」そのものに肯定的な態度を有している事実婚当事者が少なくありません。

言うなれば、「法律婚志向」をもった事実婚です。ここが欧米社会における事実婚との大きな違いといえるでしょう。

一般的に事実婚と法律婚は対立的にとらえられるのですが、日本では必ずしもそうとは言えないのです。人々の価値観や関係性の変化に法律が対応していないことによって生じている側面も大きいのです。

事実婚が顕在化したことが、日本でも家族が多様化したことの一例として挙げられることも多いのですが、これは少し疑問です。

多様性が尊重されつつある結果ではなく、むしろ多様性を排除する夫婦同姓制度ゆえに生じている事実婚が多いからです。

日本の特殊性は「法律婚志向」をもった事実婚

7　夫婦の姓をめぐる歴史

続いて、姓をめぐる制度の歴史について確認しておきましょう。

基本的に、明治以前は庶民が苗字をもつことは許可されていませんでした。江戸時代は、「苗字帯刀御免」といわれ、苗字を名乗ることは帯刀とともに武士階級の特権でした。百姓や町人は、幕府や領主の許可がなければ苗字を公称することができなかったのです。

†夫婦同姓はいつ始まったか

明治時代に入って、政府はこうした身分特権を否定する政策をとります。1870年に「自今平民苗氏被差許候事」という太政官布告が出され、平民も苗字を公称することが認められました。

明治政府は、不平等条約の改正などの対外的な事情によって、強力な中央集権国家を建設する必要に迫られていました。徴兵や治安維持、教育などの必要から国民すべてを「戸籍」を単位として掌握するため、氏と名で特定することが求められたのです。

ここで戸籍作成のためにすべての国民が姓を名乗ることを義務づけたわけですが、これは「夫婦の姓」ではなくあくまで「家の姓」だという点も重要な点です。姓は家を示し、名は家の中での個人を判別するものになりました。

このころより、一度決まった戸籍に届けた氏を変えることは禁止されます。

それまでは、名字も名前も気軽に変えることはありふれたことだったのです。日本には人生の節目ごとに名を改めるという慣習も多く存在していました。生涯を通して複数の名前をもつことは、まったく珍しいことではありませんでした。

明治初頭におこなわれた民法編纂の過程では、政治家や専門家のあいだで姓の規定をめぐって議論が闘わされましたが、初期の議論では、姓は生涯変わらないとすべきという考え方が優勢でした。

たとえば、1872年の司法省による民法草案『皇国民法仮規則』の第40条では、男女ともに婚姻後も氏を変更しないと規定されています。それから約20年後の1891年の司法省指令においても、女性は結婚後も生家の氏を名乗るという規定は残っています。つまり、妻の氏についての明治政府の政策は、それまでの慣習にしたがって実家の氏に固執していたわけです（井戸田博史『夫婦の氏を考える』）。

1898年の民法により、ここで初めて一戸籍同一氏（同じ戸籍なら同じ氏）が確立します。民法制定を機に、夫婦は結婚後同じ姓を名乗るべきだとする、現在まで続く夫婦同姓原則が法制化されたわけです。

同姓を採用した理由のひとつが、不平等条約の改正でした。欧米、特にドイツの法律を模倣した部分も大きいのです。

こうした政府の動きに対しては、儒教的道徳を重んじ、別姓を伝統としてきた旧武士層から多くの反発が生じます。家や伝統を破壊するといった批判や、西洋への同調に対する批判が噴出しました。

現在の、選択的夫婦別姓制度を「伝統の破壊」や「西洋への追従」とみなす夫婦別姓に対する批判と真逆の構図ですね。

参考までに、福沢諭吉が「日本婦人論」（1885）という論考で「新苗字」を提唱していたことも紹介しておきましょう。

福沢は、封建社会を批判し、近代化の必要を繰り返し説いた思想家ですが、家の継承こそ封建的な身分制の基盤だと考えていました。家の系譜を重視す

不平等条約改正のため
夫婦同姓が採用された

るのは身分制の悪しき慣習だと考えたのです。
福沢は、その解体のために夫婦は結婚したときにふたつの苗字を合体させ、まったく新しい苗字を作るようにすべきだとして、次のように書いています。

……人生家族の本《もと》は夫婦にあり、（……）新婚以て新家族を作ること数理の当然なりとして争うべからざるものならば、その新家族の族名すなわち苗字《みょうじ》は、男子の族名のみを名乗るべからず、女子の族名のみを取るべからず、中間一種の新苗字を創造して至当ならん。（……）かくのごとくすれば女子が男子に嫁するにもあらず、男子が女子の家に入夫たるにもあらず、真実の出合い夫婦にして、双方婚姻の権利は平等なりと云うべし。

福沢に言わせれば、結婚して男の名字を名乗るのも、女の名字を名乗るのも平等とはいえない。二人の名字を合体させて夫婦が新しい名字を名乗ってこそ、「○○家代々……」といった身分制の名残は消えるだろうというのです。
福沢は、同姓か別姓かという二元論を超える議論を展開していたのです。

この案が採用されることはありませんでしたが、今でも夫婦で新しい姓を創出するのがよいという「夫婦創姓」の主張は存在します。

†夫婦別姓をめぐる裁判

戦後に家制度が廃止され、妻が夫の家に入るという「入籍」の結婚形式はなくなっていき、結婚した際に新たに夫婦単位で戸籍をつくるようになります。

夫婦の姓について、民法７５０条は、「夫婦は、婚姻の際に定めるところに従い、夫又は妻の氏を称する」とされました。

実は、戦後の民法改正の過程では、最初、日本政府は「夫婦は夫の姓を名乗る」という案を提出しています。しかし、ＧＨＱの司令部から、夫の姓を名乗るという規定は「両性の平等に反する」と批判され、結局「夫又は妻」になったのです（我妻榮編『戦後における民法改正の経過』）。

夫婦同氏の原則を踏襲することになったものの、結婚の際に「協議」によってどちらの姓にするかを選ぶことになった点は大きな変化でした。

しかしながら、現在でも全夫婦の約95％が夫の姓を選択しているわけです。

全夫婦の約95％が
夫の姓を選択している

1990年代初頭から高まった「夫婦別姓の法制化」を含む民法改正論議は、改正間際まででいきながら頓挫《とんざ》し、現在に至るまで実現されていません。

2011年には、夫婦同氏制が憲法や女性差別撤廃条約に違反するとして、事実婚カップルを含む5名の原告が東京地裁に提訴をおこないました。

しかしながら、2015年、最高裁大法廷は、これを「国会で論ぜられ、判断されるべき事柄」として、民法の夫婦同姓の規定は「憲法に違反しない」という判決を出しました。ちなみに、民法750条を合憲と判断した裁判官は10名、違憲と判断した裁判官は5名であり、15名中3名の女性裁判官の全員が「違憲」と判断していました。

2021年6月には、再び最高裁大法廷は夫婦別姓を認めない民法と戸籍法の規定を憲法24条に違反しないと判断しました。

最高裁大法廷決定の要旨では、2015年判決以降に女性の就業率の上昇や管理職に占める女性割合増加などの社会変化があったこと、選択的夫婦別姓制度の導入に賛成する人の割合が増えるなど国民の意識の変化があったことを認めつつも、「これらの諸事情を踏まえても、大法廷判決の判断を変更すべきものとは認められない」と記し、「夫婦の姓についてどのような制度を採るのが立法政策として相当か」という問題は国会で議論し、判断すべき事柄だとしています。

8　夫婦別姓をめぐる対立の整理

　ここからは夫婦別姓をめぐる議論について検討していきましょう。

　現在の夫婦別姓をめぐる論争では、「夫婦同姓は家族主義、夫婦別姓は個人主義」とか、「夫婦同姓は保守の主張、夫婦別姓はリベラル（あるいは「左翼」や「フェミニスト」）の主張」といった二項図式が自明の前提とされる傾向があります。

　しかし、たとえば韓国では、姓が出生の血統を表し父系血統を対外的に表示するものであるがゆえに、夫婦別姓こそが原則となっています。このように、国際比較の視点や歴史的視点から見れば、このことは自明ではありません。韓国では、夫婦同姓の選択肢を認めよと主張するのがリベラル派になるのです。

「夫婦同姓は保守
夫婦別姓はリベラル」とは限らない

実は、同姓原則を主張するなかにも「男女平等」の観点から「夫婦創姓」や「複合姓」を提唱する論者がいたり、フェミニストとして選択的夫婦別姓に批判的な論者もいます。また、「家名の継承」という伝統的な価値観を持つゆえに、選択的夫婦別姓の実現を願う人も数多く存在しています。

その意味で、夫婦別姓をめぐる議論の対立軸をていねいに整理する必要があります。拙著『事実婚と夫婦別姓の社会学（改訂新版）』では、議論の対立を整理するために、以下4つの立場に分類したので紹介します。

(A) 同姓原則

まず、夫婦同姓の原則を支持する立場です。

結婚をすれば夫婦同姓であることが望ましいという考えから、夫婦別姓を批判します。「家族の一体感」や「伝統の擁護」、「子どもがかわいそう」などがその理由として語られます。

しかし、単に同姓原則といっても、「結合姓」や「創出姓」（夫婦創姓）を提唱することで、夫婦別姓を批判する論者も含まれます。

（B）「別姓の法制化」賛成

法律婚のなかで夫婦別姓の選択肢も認めるべきだと考える立場です。すなわち、法律婚そのものを否定しているのではなく、法律婚の中で別姓の選択を承認することを求める人々です。

ここにもさまざまな思想や心情があります。「家名の継承」を理由に選択的夫婦別姓を支持する人も含まれています。

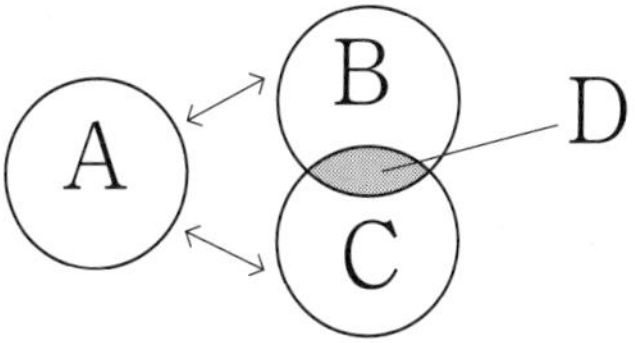

A：同姓原則
B：「別姓の法制化」賛成
C：戸籍制度の廃止
D：「別姓の法制化」賛成／戸籍制度の廃止

4-2　夫婦別姓をめぐる立場の分類（筆者作成）

（C）戸籍制度の廃止（婚姻制度そのものの廃止）

三つ目は、戸籍や婚姻制度そのものが問題であるという観点から、選択的夫婦別姓制度に反対する立場です。

Bを「婚姻届への自由」を主張する立場とすれば、これは「婚姻届からの自由」を主張する立場だといえます。

この立場からは、夫婦別姓の夫婦が「法律婚」のなかへと回収されることは現在の戸籍制度や婚姻制度を補強することにつながり、法律婚の内外の差別をさらに強める可能性があると主張されます。

(D)「別姓の法制化」賛成/戸籍制度の廃止

四つ目の立場は、BとCの重なる部分です。

おそらく夫婦別姓をめぐる対立軸が混乱してしまう原因のひとつは、ここに位置づけられる人々の存在をBと混同することにあります。

Dに位置づけられるのは、基本的にはCと同様、戸籍制度の廃止を目標と掲げる人々です。しかし、同時に選択的夫婦別姓の法制化には賛成しています。

戸籍制度に否定的であるものの、選択的夫婦別姓の法制化に賛成する立場の人は、法制化を次の段階への移行のためのステップととらえる傾向にあります。

おおよそこのように整理したうえで、選択的夫婦別姓制度の議論が問うているのは、あくまでBに位置づけられる主張の正当性です。制度それ自体の是非は、ひとまずBの主張や要求が承認に値するか否かに絞られるはずです。

しかしながら、現実の選択的夫婦別姓制度に対する批判は、主にAの立場からCやDの正当性や矛盾を批判すること（あるいは、実際には存在していない主張に対する批判）に終始しています。

このような対立軸の錯綜を知ったうえで、Aの主張がBの正当性を反駁するための論拠を持ちえているか否かを明らかにすることが重要な課題なのです。

9　夫婦別姓に対する批判

選択的夫婦別姓制度に対する批判にはどのようなものがあるのか。さまざまな批判がありますが、ここでは三つの点に絞ってそれぞれ検討していきます。

（1）夫婦同姓は日本の伝統（？）

まず「夫婦同姓は日本の伝統だ」という批判の仕方です。

1990年代に民法改正法案が審議された際にも、最終的には「日本の伝統を破壊する」といった意見が多数を占めたことがよく知られています。

しかし、すでに述べたとおり、夫婦同姓は明治民法によって成立した制度です。明治時代に創出された伝統といってよいでしょう。

とはいえ、このように歴史認識の誤りを指摘したとしても、けっしてそれが選択的夫婦別姓制度の正当性の根拠になるわけではありません。選択的夫婦別姓制度の正当性のために歴史を持ち出すことはできないし、持ち出す必要はありません。

伝統だからそれが正しい、というのは理由にはなりません。「夫婦同姓が日本の伝統だ」という反対派に対し、賛成派が「たかだか100年程度の歴史しかない」と反批判を浴びせたとしても、「100年以上の伝統がある」と言われればそのとおりです。

問題視されているのは、夫婦同姓のみを強制する制度です。

そもそも夫婦同姓と夫婦別姓のどちらが〝正しい〟とか〝男女平等〟なのかと決めることは不可能ですし、どちらが〝正しい伝統〟なのかを議論したところで、それ自体が正当性の根拠になるわけではありません。

実際、選択的夫婦別姓制度を求める人たちは決してそのような主張をしていません。あくまで別姓という「選択肢」を法律婚の枠組みのなかで認めるべきだと主張しているのであり、その正当性を訴えているにすぎません。

真の問題は、「夫婦同姓か夫婦別姓か」ではないのです。「同姓のみを強制すること」の妥当性なのです。

(2) 子どもがかわいそう(?)

同姓原則を支持する人には、「親子が違う姓では子どもがかわいそうだ」というように、親子別姓が本質的に子どもの「不幸」ないし「不利益」につながるという論理を展開することがあります。「大人は良くても子どもはどうするんだ」というのが常套句です。

しかし、なぜ「かわいそう」なのでしょうか。

親子で名前が違うと差別されたり、いじめられるからでしょうか。もし仮にそうだとしても、その子どもを「かわいそう」にしているのは、同姓しか認めない社会だということにほかなりません(そもそも「いじめる」のが悪いことですし、こうした主張ではなぜ「いじめる」側の論理を支持しようとするのか不可解です)。

このような差別感情は、同姓も別姓も認められる他の社会では起こりよう

「子どもがかわいそう」という意見には注意が必要

のないものです。問題は選択肢を認めていない社会、そして別姓に対して偏見・差別意識を持っている人々の側にあるのであり、「子どもがかわいそう」を批判の根拠に持ち出す人は、自らがその差別に手を貸している一人であることを自覚するべきでしょう。

付け加えるべきは、結婚後に改姓するのは95％が女性ですが、それゆえ、離婚後に元の姓に戻る選択を強いられるのもほとんどが女性なのです（もちろん、子どもへの配慮などを理由に離婚後も婚姻姓を継続して名乗る人もいます）。煩雑な手続きの負担を負うだけでなく、姓の変更によってスティグマを負うのも多くが女性です。

そして、離婚後に8割以上の子どもが母親に引き取られる状況においては、子どもの多くも改姓を余儀なくされます。

たとえ離婚原因が男性側にあったとしても、姓の変更をめぐって不利益を被《こうむ》るのはほとんどが女性と子どもです（サイボウズの青野慶久氏が皮肉を込めて述べていることですが、これだけ離婚が多いうえに離婚後母親が子どもを引き取る割合が8割を超える現状では、「子どものため」を思うなら、むしろ最初から母親の姓にしておいたほうがよほど合理的といってもよいかもしれません）。

女性は結婚による改姓によって、結婚したというプライバシーにかかわる事実を公表することになり、離婚して改姓すれば再びプライバシーを公表することになります。女性のみが、意図せずともこのように重要な個人情報を多くの人にさらすことを強いられているのです。

こんな話を聞いたことがあります。

仮に名前を佐藤広子さんとしておきます。この女性は高校卒業から十数年後に開催された同窓会名簿に、「佐藤広子」ではなく「佐藤（佐藤）広子」と記載するよう求めたそうです。彼女は、自分と同じ佐藤という姓の男性と結婚したので結婚後も姓が変わらなかったのですが、同窓会名簿に（佐藤）と記すことで、自分は独身ではなく結婚しているんだよ、と示したかったというのです。

以前、私がこの話を大学の講義で紹介したとき、一人の学生のコメントに自分の母親のエピソードが書かれていました。母は同じ姓の父と結婚したけれど、それで困ることが多かったとよく話していたとのこと。友人や職場の人から、「まだ結婚しないの？」とか「誰か紹介しようか？」などとたびたび言われ、それが煩わしかったそうです。

親の離婚や再婚で子どもの名字が変更することがありますが、それはむし

姓の変更の不利益を被るのは女性と子どもが大半

ろ「一戸籍同一氏」を原則とする現行法ゆえに生じています。

実態として、それ以外にも国際結婚や事実婚、ステップファミリーなどでもすでに親と子が異なる名字を持つ家族は多く存在しています（そもそも国際結婚では原則夫婦は別の姓になり、同姓にするには手続きが必要です）。

そのような子どもの福祉や利益を考えるならば、「子どもがかわいそう」どころか、現在の夫婦同姓制度よりも選択的夫婦別姓制度のほうがむしろ、子どもにとって好ましい影響を及ぼすといってよいでしょう。それにもかかわらず、この点は無視され続けているのです。

選択的夫婦別姓制度における子どもの姓に関しては、「子どもが父か母かどちらか片方の姓を強制される」ことを問題視する人がいます。

しかし、現在の法律でも「子は親の姓を強制される」ことに変わりありません。現状では大半の子が父側の姓を強制されているといえるのであり、これは夫婦別姓とは関係のない議論です。

もし仮に、「親の姓を強制されること」を人権侵害だと考え、それで不利益を被っている人が多数存在し、子が親とは異なる姓を自由に選べるようにするよう法改正を求めるならば、それはそれで尊重されるべきだと思いますが、現時点でそのような不利益の声は聞かれません。

(3) 旧姓の通称使用で事足りる（?）

最高裁が民法の夫婦同姓規定を合憲と判断した際の理由のひとつとしてあげたのが、旧姓の通称使用がすでに社会で広く認められているという点でした。最近の夫婦別姓に対する批判では、この「旧姓の通称使用で事足りる」という論調が支配的になってきました。

これは現在主に自民党など選択的夫婦別姓制度を批判する一部の政治家が主張しているものですが、旧姓の通称使用が認められた歴史的経緯を考えれば驚きに値する主張です。

90年代中頃までは、職場などで旧姓を通称使用することもまったく認められないのが普通でした。今では広く浸透してきているといわれますが、それでもいまだおよそ半数の企業では認められません。たとえ企業で認められていたとしても、職務や書類のすべてにおいて認められているわけではないこ

旧姓の通称使用は
当事者たちが勝ち取ったもの

とも多いのです。

もともとこの旧姓の通称使用の権利は、夫婦別姓の選択肢がない日本社会において、当事者たちが妥協案として勝ち取った権利でもあります。

それにもかかわらず現在では、選択的夫婦別姓に断固反発する人々が「旧姓の通称使用で事足りる」と主張するわけです。逆手に取っているというのが現状だといえます。夫婦同姓に重要な価値があると考え頑《かたく》なに夫婦別姓を認めないというのであれば、旧姓の通称使用も否定するほうがよほど筋が通っているように思います。日常生活の9割以上を旧姓で過ごしている人たちもいる状況において、結婚の際に戸籍名だけは絶対に変更するよう強制することに合理的な理由があるとは思えません。

私の経験でも、大学の同僚の先生たち、特に女性の先生には戸籍名でない方が多くいます。戸籍に記載されている「本当の名前」を知らないし、知る必要を感じたこともありません。会議の際に出てくる公的な書類で初めて戸籍名が出てくるときに、一瞬「誰？」と思い、「ああ、本名は〇〇なんだ」と知るということも多々あります（もちろん男性の先生でもあります）。

誰が法律婚で誰が事実婚なのか、といったことを詮索しようと考えることもありません。

海外に行けば、日本以上に法律婚ではない事実婚のカップルが多くいるわけですが、誰が法律婚で誰が事実婚なのかなど判別できませんし、別に気にもなりません。

10　姓をめぐる格闘

†そもそも「夫婦別姓」とは

本書でも「夫婦別姓」という言葉を用いてきましたが、そもそも「夫婦別姓」という言葉が妥当なのかどうかも考えてみる必要があります。

選択的夫婦別姓制度の実現を望む事実婚の当事者は、先にも述べたように自身も法律婚になることを望んでいます。

私がおこなってきた調査を通じて明らかになったのは、選択的夫婦別姓制度を望む人々が必ずしも「夫婦で別々の姓にしたい」と考えているわけではないという事実です。

「夫婦で別々の姓にしたい」から「夫婦別姓」なのではない

どういうことでしょうか。

私の調査に応じてくれた3名の語りを紹介します（拙著『事実婚と夫婦別姓の社会学（改訂新版）』から抜粋）。

「別」という字がついてしまうことに、すごく抵抗を持つ人が多いなと思います。でも別に、私たち事実婚の当事者って夫婦別姓になりたいわけじゃないですよね。「夫婦別姓にしたいんです」という言い方が、なにか誤った印象を与えてしまっているなと思うこともあります。（40代女性）

姓を別々にしたいのとは違う。自分が姓を変えたくないだけで、2人の姓を別にすることが目的ではないんですよね。「姓を変えることに何のメリットがあるの？」と思うわけで、単にそれぞれが生まれ持った姓を変えないという話です。（50代女性）

自分が名前を変えたくないって言ったとき、彼にも名前を変えてほしいという気持ちはなくて。彼のほうも名前は別に変えたくないと。……でも、それだと今の日本で

は結婚できないんだよっていうことに行き当たったわけです。（50代女性）

すなわち、「姓を変えたくない」「姓を変えるわけにはいかない」というのが多くの当事者の実情であり、姓を変えたくないと考える二人が結婚をしようとしてもそれが認められない法律のために苦しんでいるのです。その意味では、「夫婦別姓」という言葉それ自体を疑ってみることも大切でしょう。調査を通じて、夫婦別姓問題のフレーミング（問題枠組み）を問い直すことの必要を認識させられました。

仕事やアイデンティティ、家族の事情などさまざまな理由から、「姓を変えたくない」「姓を変更するわけにはいかない」と考える人がいます。それは男女どちらかに限定されるものではありません。

たまたま姓を変えたくないと考える二人が出会い、結婚を望んだとしても、日本の制度では結婚が許されないという状態にある。

もちろん、婚姻制度を拒む人や家制度的な拘束・抑圧から逃れるために事実婚を望む人もいますが、少なくともこれが選択的夫婦別姓制度を望む多く

「一方が姓を変える」という強制ではなく
姓を継続できるという選択肢を

の事実婚当事者の実像だといえるでしょう。

それにもかかわらず、「夫婦別姓」という言葉によって問題の認識がゆがめられてしまいます。特に反対派は、「夫婦で別々の姓にしたい」という部分をことさら強調する傾向があります。

繰り返しになりますが、選択的夫婦別姓制度の議論は、「同姓か別姓か」、そのどちらが正当であるのか、どちらが平等なのか、どちらがより個人を尊重するものなのかではありません。

結婚をする際に、「一方が姓を変える」という強制に対して、双方が姓を継続的に名乗ることも選択肢として認めることを求めているのです。

†妻の姓を選択した夫婦の例

夫婦別姓という問題の当事者は、けっして事実婚を選んだ人だけではありません。この点も非常に大事です。

日本は結婚したらどちらかが姓を変えるという法律になっているので、致し方なく一方が改姓をして法律婚をしたという「潜在的な当事者」と言うべき人も数多くいるでしょう。

数字で表すことはできませんが、「本当は別姓を望んでいたけれども法律婚を選んだ」という人は、事実婚を選択した人よりもはるかに多いだろうと推測されます。

というのも、事実婚を選択するということは簡単なことではなく、自分自身、親族、周囲との関係において、大きな覚悟がいる決断だからです。

夫婦別姓を望みながら法律婚を選択した人にもさまざまなタイプがありますが、ここではひとつのパターンとして妻側の姓を選択した夫婦の事例を紹介したいと思います。

これは大妻女子大学で私が担当した社会調査の演習クラスにおいて、学生が行った社会調査の結果からの抜粋です（阪井裕一郎編『改姓・名前をめぐる生活史調査——日本社会における婚姻制度の問題』大妻女子大学人間関係学部2022年度「社会調査及び演習」報告書）。

まず、旧姓三木ひろし（仮名）さんの事例です（鈴木希彩さんによる聞き取り）。

調査対象者のひろしさんが名字を改姓することになった経緯は、パートナーの名前が美紀（仮名）だったからです。もし妻側が改姓すると、三木美紀（みきみき）となり、姓と名が同じ読みになってしまう。

結婚に際して、ひろしさんは美紀さんから「私は姓を変えたくないからあなたに変えてほしい」と言われ、最初は戸惑ったといいます。結婚したら当然女性が姓を変えるものだと思っており、男の自分が改姓するなど考えたこともなかったからです。

しかし、自分の姓に特別な愛着があったわけではなく、改姓しないことで結婚できなくなるくらいなら自分のほうが改姓しようと決断しました。

ところが、ひろしさんが両親に改姓することを伝えると猛反発にあいました。特に母親からは「なんでひろしが変えなきゃいけないのかわかんない。名字と名前が同じ人だっているし、別に変じゃない」と繰り返し言われたのです。

ひろしさんの母にも事情があったようです。一人目に女の子を産んだあと、親戚から「男を産め」というプレッシャーをかけられようやく男子を授かったという経緯があり、これも息子の改姓に強く抵抗した理由だったようです。

妻の美紀さんはひろしさんとひろしさんの両親にずっと申し訳なさを感じていて、結婚してからも何度も謝っていたといいます。

このことについてひろしさんはこう語ります。

パートナーに初めて謝られたときは特に違和感はなかったんだよね。……でも、何回か謝られたときに「あれ？」って思ったんだよね。僕じゃなくて、パートナーが改姓していたら僕謝ったかな？　少しでも申し訳なさを感じたのかな？「なんで今パートナーが謝ってるんだ？」って。そのときに初めて今の夫婦同姓っておかしいんじゃないかって気づいたんだよね。

もうひとつ事例を紹介します（上住乙華さんによる聞き取り）。

調査対象者のヒロコさんは、自分が結婚してもどうしても姓を変えたくない事情を抱えていました。そのため、ヒロコさんにとって、結婚の際に改姓できるかどうかが交際相手の男性に求める第一条件になっていました。

この条件を受け入れたのが現在の夫のタケシさんでした。ヒロコさんは、「私のわがままを受け入れてくれただけ」と言いますが、タケシさんは「次男だから名字に興味がなかったかも。今もないんだけど」と言っています。

二人は自分たちの出会いについて、「（姓に）こだわりのある者とない者が出会ったことはミラクルだった」と語っています。

ヒロコさんはタケシさんの両親にずっと申し訳ない気持ちを感じていたといいます。タケシさんが改姓することになり、それまで良好だったタケシさんの母親とヒロコさんの間に大きな亀裂が入りました。

それは結婚後10年以上続き、その間互いの目が合うことすらなかったといいます。母親は、男性側が改姓することがどうしても受け入れられなかったようで、息子の名前を奪われたことが許せなかったのだろうと二人は語っています。

ヒロコさんは、複数の友人から「相手の母親と揉めるくらいなら、ヒロコが改姓すればいい」と言われたこともつらかったと言います。

ヒロコさんは、「どうしてこの気持ちや理由が受け入れられないのか……。女が嫁ぐことが当たり前、改姓することが当たり前ということに違和感を感じないことが信じられない。改姓する、しないは個人の自由だけど、そういった考えを持っている人がいることも理解してほしい」と述べています。

この事例では、二人が自分たちの出会いを「ミラクル」と表現しているのが印象的です。日本の女性が自分の名前を変えずに結婚するには奇跡ともいえる偶然の出会いが生じないといけないのです。さらには、たとえ妻の姓での結婚を選択したとしても、その後に待ち受ける周囲との軋轢《あつれき》を覚悟しなくてはならないことを示す事例だといってよいでしょう。

女性が姓を変えずに結婚するのが難しい現状がある

私は大学の講義でしばしば男子学生に対して、「もし結婚しようとする相手が、絶対に姓を変えたくないと言ったらどうするか？」と尋ねることがあります。いろいろな意見が出ますが、「名字にこだわりがないので自分が変えます」というコメントも多くあります。ただ、そう簡単ではないのが現実です。上の事例で見たように、たとえ自分は良くても親が納得しないということも少なくありません。

「そんなわがままな女と結婚するな」とか、「親子の縁を切る」などと言われた事例も実に多いのです。男性が名字を変えないことで「わがまま」とののしられることはありませんが、女性がそれを主張すれば大変なことになるわけです。

11　自分の望む名前で生きること

あくまで仮想の話ですが、夫婦の婚姻姓の決定を「くじ引き」にして運任せにしてしまえば、選択的夫婦別姓制度を求める声はもっと盛り上がるだろうと思います。きっと女性よりもずっと多くの男性からその声が上がるでしょう。

くじ引きで妻の姓を引くことになれば、旧姓を通称で使用せざるを得ない男性が増えることになります。「旧姓の通称使用で事足りる」でしょうか……？

そのとき、ようやく夫婦同姓を強制していることの問題に気づくことになるのではないでしょうか。今の状態は、多くの男性にとってあくまで他人事に過ぎないのです。

2019年に「キラキラネーム」に関するニュースがありました。出生時に親から「王子様」と名づけられた男性が、裁判で改名の権利を得たという話です。

彼は、高校卒業を前に一人で家庭裁判所を訪れ、親から付けてもらった名前を変える手続きをおこないました。戸籍の改名については、然るべき理由を添えて家庭裁判所に届け出れば許可を得ることができます。15歳以上であれば本人が申し立てることができます。

彼は、この名前では生きづらかったので自分の意志で変えたと話します。彼は、「肇（はじめ）」という新しい名前で「はじめの一歩」を踏み出そうと思ったと語りました。

このニュースに対する世間の反応を調べてみると、「自分の意志で名前が変えられてよかったね」という感想が大半を占めていました。私も同様の感想を持ちました。

こうしたいわゆる「キラキラネーム」の事例では、たやすく「自分の持ちたい名前を持つこと」が肯定的に迎えいれられます。

しかしながら、婚姻改姓をめぐる議論では、自分の生まれ持った名前を変えたくないと考える女性に対して、あいかわらず「わがまま」だと非難する声が多くあります。

求めているのは、ただ「生まれもった名前」を変えない権利を与えてほしいという要望にすぎないのにもかかわらず。自分の希望しない改名を強制させることの不条理について多くの人が考えてみてほしいと思います。

†なぜ夫婦別姓が認められないのか

以上、本章では事実婚からスタートして夫婦別姓をめぐる問題について論じてきました。

これまで私は「なぜ日本ではなかなか夫婦別姓が認められないのでしょうか?」と数えきれないほど尋ねられてきました。

正直、「わからない」としか言いようがないのですが、「論理」とは異なる力が選択的夫婦別姓制度の実現を阻《はば》んでいるとは常々感じています。

最近では、これまでの経緯を知ってか知らずか「まだまだ十分な議論がなされていない」とか「国民的議論を」などと言う人も現れていますが、すで

夫婦別姓の議論を
知ることからはじめよう

に長年議論は蓄積され、おおよそ論理的な結論は出尽くしています。

しかし、政府は「論理」とは違う、何かしらの「信念」によって法律の変更を拒み続けているといってよいでしょう。

とはいえ、私自身の経験、たとえば大学の講義での学生の反応や身の回りの発言を聞いていて思うのは、この問題がなかなか進捗しない原因のひとつに、そもそも「よく知られていない」ことがあるとも思っています。

夫婦別姓に強く反対しているというよりは、「よくわからないけど別にどっちでもよくない？」「別にそんなことに熱くならなくてもよくない？」「そんなことよりもっと大事なことがあるでしょ？」「困っている人なんてそんなにいないでしょ？」といった冷笑的ともいえる態度が実に多いことを痛感します。

こうした無関心層といえる人々に向けて、（本書もまさにその実践のひとつですが）論理的な説明や現に生じているさまざまな問題の現状を、ていねいに示していくことが重要だと思っています。

第5章

セクシュアル・マイノリティと結婚

1　セクシュアリティをめぐる基本概念

もう10年近く前でしょうか。テレビの街頭インタビューで「LGBTを知っていますか?」という質問に、「ベーコンレタスバーガー?」と真面目な顔で答えた人がいたのを見て、思わず笑ってしまったことを覚えています。

この数年で、LGBTやセクシュアル・マイノリティ(性的少数者)という言葉は急速に人口に膾炙《かいしゃ》しました。テレビや義務教育の場でも取り上げられるようになり、今ではこの言葉を知らないという人はほとんどいなくなっています。

しかしながら、言葉の普及とは裏腹に、LGBTやセクシュアル・マイノリティについて正しく理解している人が少ないのもまた実情です。

さまざまな誤解があります。

典型的な例として、「同性愛は性同一性障害だ」があげられます。同性愛と性同一性障害のふたつはまったく異なる概念です。それにもかかわらず、このような言葉が発せられてしまうのは、セクシュアリティをめぐる基本的な概念が知られていないことが原因だと思います。

本章ではセクシュアル・マイノリティと結婚の問題について考えていきますが、その前にまずはセクシュアリティとジェンダーに関わる概念を確認しておきたいと思います。

†生物学的性別、性自認、性的指向

ＬＧＢＴとは、Lesbian（レズビアン＝女性同性愛者）、Gay（ゲイ＝男性同性愛者）、Bisexual（バイセクシュアル＝両性愛者）、Transgender（トランスジェンダー）の頭文字を組みあわせた用語です。

もともと「ゲイ」という言葉は女性同性愛者を含んでいたり、現在でもセクシュアル・マイノリティ全般を包括して使われることもあるので、厳密にいえば各用語についてもさまざまな議論はありますが、一応はこのように説明できます。

しかし、ＬＧＢＴがセクシュアル・マイノリティのすべてを包含しているわけではありません。この四つの概念に収まらないセクシュアリティやアイデンティティもあります。

セクシュアリティを理解するためには、最低限三つの概念を知っておかねばなりません。

この概念を知らなければ、LGBT、ひいてはセクシュアル・マイノリティについて正しく理解することは不可能だといってよいでしょう。

その三つというのは、生物学的性別（sex）、性自認（gender identity）、性的指向（sexual orientation）です。

生物学的性別とは、生まれたときに医師から宣告された身体的な性別のことです（「割り当てられた性別」という表現が好ましいという指摘もあります）。性自認とは、「自分で認識している性」のことで、これは法律上の性別と一致するとは限りません。性的指向とは、性的に魅力を感じる性別の「方向」の意味です。

表5－1を見てください。まず、♣です。このパターンは、「生物学的性別は女性で、性自認は女性で、性的指向は男性」です。これはいわゆる「ストレート」とも呼ばれるマジョリティのことになります。

次に◆です。「生物学的性別は女性、性自認は男性、性的指向は女性」です。このタイプは、身体的に女性で、自分を男性だと認識しています。

生物学的性別と性自認が一致していないことは、従来、性同一性障害（gender identity disorder）と呼ばれてきましたが、世界的にはトランスジェンダーが一般的な呼び名とな

	女性	男性	その他
生物学的性別（sex）	♣ ♦	♥ ♠	インターセックス、性分化疾患等
性自認（gender identity）	♣ ♠	♦ ♥	クエッショニング、Xジェンダー等
性的指向（sexual orientation）	♦ ♠	♣ ♥	バイセクシュアル、アセクシュアル等

5-1　セクシュアリティ・ジェンダーをめぐる３つの基本的概念（筆者作成）

っています。

生物学的性別が女性で性自認が男性ならば「トランスジェンダー男性」、反対に、生物学的性別が男性で性自認が女性ならば、「トランスジェンダー女性」と呼ばれます。

三つ目に♥です。「生物学的性別は男性、性自認は男性、性的指向は男性」です。生物学的性別と性自認は一致しています（これをシスジェンダーと言います）。しかし、性的指向が同性である男性に向けられます。これがゲイと呼ばれる同性愛者です。

さらに四つ目の♠です。「生物学的性別は男性、性自認は女性、性的指向は女性」です。身体的には男性ですが、自分を女性と認識しているので、トランスジェンダーです。そして、性的対象は女性です。

さて、この人は同性愛者でしょうか、異性愛者でしょうか？

ここで、そもそも「同性愛とは何か」という問いが生じます。ふたつ目◆のケースでは、「生物学的性別（女性）と性的指向（女性）のふたつの項目をみれば「同性愛」と思えます。しかし、性自認（男性）と性的指向（女性）のふたつを見れば「異性愛」にも思えます。

一方、♠のケースでは、生物学的性別（男性）と性的指向（女性）のふたつを見ると「異性愛」にみえます。しかし、性自認（女性）と性的指向（女性）のふたつを見ると「同性愛」になる気もしますね。

自分が何者であるかは、本人のアイデンティティを尊重します。同性愛者か異性愛者なのかは生物学的性別ではなく性自認を基準に考えます。すなわち、◆は異性愛男性であり、♠は同性愛女性となるのです。

こう考えると、われわれが自明とする同性愛／異性愛という区別もまた複雑であることがわかります。セクシュアル・マイノリティを性同一性障害と同一視したり、同性愛と同一視することが誤解だということがわかるでしょう。

†ふたつの性別でとらえられないセクシュアリティ

さて、ここまではそもそも「女性」と「男性」というふたつの性別のみで考えてきましたが、表の右側「その他」で示しているように、現実にはふたつの性別ではとらえきれないさまざまなセクシュアリティがあります。

生物学的性別に関しても、インターセックスや性分化疾患と呼ばれるものがあります。性自認についても、自分の性自認や性的指向が定まっていない人やあえて定めていない、クエッショニング（questioning）と呼ばれる人たちがいますし、自分の生物学的性別に違和感を抱いているけれども、かといって特に男性とも女性とも思っているわけでない人々を総称して「Xジェンダー」と呼ぶこともあります。

性的指向にも、同性愛と異性愛だけではなく、アセクシュアル（asexual）という他者に性的魅力を感じることがなく、性的な行為への関心や欲求が存在しない人もいます（さらに言えば、このアセクシュアルにも実に多様なパターンやグラデーションがあることが、アンジェラ・チェン著『ACE』に詳しく書かれています）。

バイセクシャルと聞けば、「男性も女性もどっちも好きになる」というのが一般的な理解かもしれませんが、実際は性的対象の第一の基準が性別ではない、という「パンセクシュアル」（人を好きになる基準に性別は重要ではなく、好きになった人がたまたま男性であったり女性であったりする）と呼ばれる人など、その内実も多様です。

さらには、近年では、他人に恋愛感情を感じない人や指向を意味するアロマンティック（aromantic）や、自分が他者にいだく好意が恋愛感情か友情か判断できない（しない）人を意味するクワロマンティック（quoiromantic）といった概念も注目されています。

このように、男女のふたつのカテゴリーだけではなく、「その他」までを含めて考えてみると、セクシュアリティやジェンダーのパターンがいかに多いかがわかるでしょう。

多様なあり方をカテゴライズすることの暴力性が指摘されることもありますが、カテゴリーの創出によって多様なセクシュアリティ、ジェンダーの存在が可視化され、理解しやすくなったことは重要なことなのです。

カテゴリーの創出によって多様な存在が可視化される

2　ＬＧＢＴからＳＯＧＩ（Ｅ）へ

このように、ＬＧＢＴがあくまで限定的な概念に過ぎないということをまずは押さえる必要があります。もちろん、ＬＧＢＴという言葉の普及が社会に及ぼした功績は大きいと思います。何よりこの概念によって、当事者の存在が広く認知されました。

それまでは、「ゲイ」や「レズビアン」、「ホモセクシュアル」などの直接的な単語を発することをためらう政治家も多かった印象ですが、良くも悪くもＬＧＢＴという使い勝手の良い記号的な言葉が登場したことで、そうした政治家たちまでがセクシュアル・マイノリティについて言及しやすくなった側面はあるように思います。問題が広く共有されたという意味でポジティブにとらえてよいでしょう。

しかし、ある種の記号化された言葉だからこそ、曖昧に、時に不適切に使用されることが多いのも事実です。

森山至貴《のりたか》が指摘しているように、しばしばＬＧＢＴという言葉を使用することには、「『自分とは関係のない、よくわからない人たち』という感覚のもと、それらを曖昧なまま語ってしまおうという欺瞞が存在」しているとも言えます（森山至貴『ＬＧＢＴを読みとく』）。多様な性のあり方を「ごちゃまぜ」にしてしまう人々の考え方を当事者が批判し、互いの違いを明確にしてきた歴史を適切に把握する必要があるのです。

近年では、性的指向（sexual orientation）と性自認（gender identity）の頭文字をとった

「SOGI」という言葉がLGBTよりも普遍的な概念として使用される傾向があります。さらに、しぐさや服装などを示す「ふるまう性」を意味するgender expression（性表現）までを含めて「SOGIE」と表記されることもあります。

SOGI（E）には、性的指向と性自認という誰もがもつ属性に焦点をあてることで、この問題がすべての人に関わるものであることを明示することができるという利点があります。セクシュアリティをマジョリティ／マイノリティに分けず、誰もが固有に持つアイデンティティであるという考えが基盤にあります。

セクシュアリティは固有のアイデンティティ

セクシュアリティの構成要素は、いずれも「男女」に二分されるものではなく、グラデーションを描くようにプロットされます。

ジェンダー研究者ジュディス・バトラーの著書『ジェンダー・トラブル』（原著1990）に、「セックスはつねにすでにジェンダーである」という有名な言葉があります。

バトラーは、セックスとジェンダーというふたつの区別そのものさえ疑え、と言うわけですが、人を生まれたその時点から「男か女か」と二元論の枠組みで把握すること、われわれの頭の中に存在する枠組み自体を疑う視点も大切だといえます。

セクシュアリティは、男女二元論の組み合わせの理論で成り立つものではありません。固有のアイデンティティとしてセクシュアリティは存在している、という視点が重要です。

3 異性愛主義社会

異性愛（heterosexual）のみが自然であり、同性愛（homosexual）は普通ではないとみなす、社会に流布している価値観のことを異性愛主義（heterosexism）と呼びます。

これまでの社会制度は、異性愛者であることが当然であり、社会のすみずみまで異性愛者しか存在しないことを前提として成り立ってきました。

男性は女性に、女性は男性に恋愛感情や性的魅力を抱くことが当然とされ、異性と恋愛関係を形成し、結婚し、子どもが生まれることが「自然」とみなされてきました。

同時に、異性と恋愛関係や性的関係を持たない人間は「ふつう」とは違うおかしな存在であるとされます。日常のコミュニケーションにおける、「彼女いるの？」「どんな男性がタイプなの?」といった何気ない発言も、異性愛主義を前提にしたものだと自覚しておかなければなりません。

異性愛主義とセットで知っておくべき概念がホモフォビア(同性愛嫌悪)です。

いまの日本はホモフォビックな社会

これは、1970年代に心理学者ジョージ・ワインバーグが提唱した概念で、ワインバーグはこれを、同性愛者と親密な関係になることへの恐怖であると同時に、同性愛者自身の場合には自己嫌悪としてあらわれる、と説明します(河口和也・風間孝『同性愛と異性愛』)。

この用語は、同性愛を恐怖・嫌悪する個人を指すだけではなく、現在では同性愛に対する差別・抑圧・偏見をもった社会構造を指すこともより一般的です。同性愛者に対する現在の日本の法・制度状況は、「ホモフォビックな社会」と言ってよい状況にあります。

他者に対してだけでなく、当事者が自己否定の感覚を抱くという点もきわめて大事です。異性愛主義社会では、同性愛者は常に自己否定や自己嫌悪を迫られます。

例えば、仲の良い友だちが、テレビ番組に登場していたセクシュアル・マイノリティを話のネタにしてみんなで「気持ち悪い」とげらげら笑っている。当事者である自分も、周囲のノリにあわせて「気持ち悪い」と一緒になって笑う……。

このような経験をもつ当事者は少なくありません。幼少期から長い期間自分を否定しながら生きていくことは心身の発達に深刻なダメージを及ぼし、精神疾患や自殺念慮にまでつながることも多いのです。

同性愛者の性愛は、異性愛者の性愛とは違うものとみられるという偏見もあります。典型例として、「同性愛者＝多淫」というステレオタイプがあげられます（河口和也・風間孝『同性愛と異性愛』）。

たとえば、友人から同性愛者だとカミングアウトされた場合に、「僕はそっちじゃないんで、狙わないでね」と冗談交じりに言ったりすることです。これは同性愛と異性愛の非対称性を示しています。

もし、ある異性愛男性が、「すべての女性はいつも自分を性的対象とみている」と思っていたり発言したりするとしたら、とんだ勘違い人間だと思われるでしょう。ところが、「同性愛者はすべての同性を常に性的にみている」と思い込む人が多いのです。

私も以前、あるゲイ男性にインタビューをしに行くまえに、周囲の人から「え？　大丈夫？」とこれまた冗談交じりに言われたことがあります。

当然ながら、同性愛者のセクシュアリティも異性愛者と同様さまざまです。それにもかかわらず、「性愛者」の部分のみがイメージ的に強調化される傾向があるのです。同性愛と異性愛には、イメージの非対称が存在するということも注意すべき点です。

4　そもそも「同性婚」？

さて、ここからはセクシュアル・マイノリティと結婚について考えていきましょう。最初に触れておきたいのは、「同性婚」という言葉そのものについてです。本書でも同性婚という言葉を使用していますが、厳密にいえば、同性婚という名の制度が存在するわけではありません。

例えば、デンマークやスウェーデンなどでは「ジェンダーニュートラルな婚姻法」、フランスでは「みんなのための婚姻法」というように、同性婚という制度が新しくつくられたのではなく、これまで異性愛カップルにだけ認められていた結婚が同性愛カップルにも認められるようになった、というのが正確です。

「それがどうした？」と思われるかもしれませんが、同性婚という言葉が何を意味しているのかを考えることも実は大切です。

「同性婚」という言葉の登場は、翻《ひるがえ》って、それまで「結婚」と呼ばれてきたものが実は「異性婚」のことであったことを明らかにしました。

どういうことか。

言語学に有徴《ゆうちょう》／無徴《むちょう》という概念があります。

例えば、「女医」「女性弁護士」「女子アスリート」「ワーキングマザー」「リケジョ」など、男性の場合には性別がつかないのに女性の場合には性別が付与される職業や言葉が数多くありますが、これを「有徴」と呼びます。医師は無徴、女医は有徴ということです。

わざわざ留保をつけられるということはそれがイレギュラーであることを示すのであり、その意図はなくとも、こうした言葉の使用は男性こそが標準であることを暗に示してしまう効果があります。

同性婚も同様に、有徴の言葉だといえます。

同性婚という言葉をわざわざ使わないといけない状況というのは、異性婚

結婚＝異性婚だから
同性婚という言葉が出てきた

こそが標準的な結婚だという前提がいまだ背後に存在していることを意味するのです。当たり前に使用されている同性婚という言葉それ自体も、疑ってかかる必要があるのです。

5 パートナーシップ制度と同性婚

†西洋の格闘の歴史

今でこそセクシュアル・マイノリティの保障をめぐる法整備が進んでいる西洋諸国ですが、同性愛者が迫害されてきた長い歴史があります。以下、河口和也・風間孝『同性愛と異性愛』、森永貴彦『LGBTを知る』などをもとに、見ていきましょう。

同性愛を罪悪視する考えはキリスト教の本格的な普及とともに強まったといわれます。すぐ後に触れるように、同性愛が文化として広く存在していた江戸時代までの日本とは対照的です。

同性愛は、生殖のともなわない異性間の口腔性交や獣姦などとともに「ソドミー」と呼ばれ犯罪と扱われました。代表例がイギリスのソドミー法です。

1533年にソドミー行為はヘンリー8世により「自然に反する犯罪」として死刑とされます。1861年に死刑の規定はなくなりますが、その後も長く同性愛は迫害されました。『サロメ』や『幸福な王子』などの作品で有名なイギリスの作家オスカー・ワイルドがソドミーの罪により収監されたことはよく知られています（ソドミー法は多くの国で20世紀後半まで存在しました）。

20世紀にはいると、同性愛は精神病のひとつとして扱われ、治療すべき対象になります。ナチスドイツが同性愛者を厳しく取り締まり、ユダヤ人とともに強制収容所へと送り虐殺したこともよく知られています（強制収容所では男性同性愛者はピンク・トライアングルという胸章をつけることを義務づけられましたが、現在ではプライド・パレードでレインボーフラッグとともに掲揚されています）。

こうした迫害の時代を経て、セクシュアル・マイノリティをめぐる社会運動がおこったのは戦後になってからのことでした。

1950年代に「ホモファイル運動」と称される初めての大きな社会運動

セクシュアル・マイノリティには長い迫害の歴史がある

が生じます。初期の社会運動において、キーワードは「啓蒙」「教育」「同化」でした。それは、社会に知識を広め、偏見をなくしていこうとする運動であり、同性愛者が社会に「同化」していくことを目標としたものでした。その後の過激な政治運動とは趣のちがう比較的穏健な性質のものであったといわれます。

運動が広く拡大していくのは60年代末のことでした。1969年、ニューヨークで起きた「ストーンウォール事件」（同性愛者たちのバーが警察により襲撃される事件。映画『MILK』や『ストーンウォール』も参考になります）を機に、「ゲイ解放戦線」がニューヨークで成立し、ソドミー法撤廃の動きが活発化します。「ラディカル・ゲイ解放運動」と呼ばれる新たな社会運動のキーワードは、「文化的マイノリティ」「カミングアウト」「連帯」でした。これは、社会の多数派に溶け込むことではなく、自らを「少数派」と規定したまま、その立場から差別の撤廃を訴えるという特徴をもっていたといわれます。

この解放運動は黒人解放運動など、他の急進的な反差別運動と連帯を深めていきます（時代と国は違いますが、マイノリティどうしの連帯という点では、イギリス映画『パレードへようこそ』がお薦めです。サッチャー政権下の80年代イギリスで、セクシュアル・マイノリティ

	国名	法律施行日
1	オランダ	2001年4月1日
2	ベルギー	2003年6月1日
3	スペイン	2005年7月3日
4	カナダ	2005年7月20日
5	南アフリカ	2006年11月30日
6	ノルウェー	2009年1月1日
7	スウェーデン	2009年5月1日
8	ポルトガル	2010年6月5日
9	アイスランド	2010年6月27日
10	アルゼンチン	2010年7月22日
11	デンマーク	2012年6月15日
12	ブラジル	2013年5月16日
13	フランス	2013年5月18日
14	ウルグアイ	2013年8月5日
15	ニュージーランド	2013年8月19日
16	英国	2014年3月29日※
17	ルクセンブルク	2015年1月1日
18	メキシコ	2015年6月22日
19	米国	2015年6月26日
20	アイルランド	2015年11月16日
21	コロンビア	2016年4月28日
22	フィンランド	2017年3月1日
23	マルタ	2017年9月1日
24	ドイツ	2017年10月1日
25	オーストラリア	2017年12月9日
26	オーストリア	2019年1月1日
27	台湾	2019年5月24日
28	エクアドル	2019年6月12日
29	コスタリカ	2020年5月26日
30	チリ	2022年3月10日
31	スイス	2022年7月1日
32	スロヴェニア	2022年7月8日
33	キューバ	2022年9月27日
34	アンドラ	2023年2月17日
35	ネパール	2023年6月28日
36	エストニア	2024年1月1日

※2014年3月にイングランドとウェールズ、2014年12月にスコットランド、2020年1月に北アイルランドで同性婚が認められた。

5-2　同性婚の法制化（EMA日本ホームページより http://emajapan.org/promssm/world）

と炭鉱労働者が連帯する実話に基づく映画です）。

こうした社会運動を経て、70年代にセクシュアル・マイノリティの社会的受容や権利獲得運動が活発になります。結婚する権利などの、差別の解消だけではなくさまざまな権利獲得運動が盛んになっていきました。長い歴史を経て、2000年代以降の同性婚の法制化へとつながったのです。

同性婚の扱いが州によって異なっていたアメリカでは、2013年に連邦最高裁判所が男女間に限定されている結婚制度が憲法違反

台湾が同性婚法制化 アジア初
「違憲判断」大きく前進
世界で26カ国
「日本にとって一つの手本」専門家

5-3　台湾の同性婚法制化（2019年5月18日、朝日新聞朝刊）

であるという判断を示し、２０１５年に50州すべてで同性婚を認める判断を下しました。オバマ大統領は会見で「アメリカの勝利だ」と述べ、その夜ホワイトハウスにレインボーカラーが照らされました。

同性婚を法制化したのはヨーロッパ諸国と北米に限られません。

中南米では、ウルグアイ、アルゼンチン、メキシコなどで法制化されています。２０１９年にはアジアで初めて台湾で認められました。

一方で、イスラム文化圏の一部では現在でも同性愛が死刑や禁固刑の対象となる国が多くあります。

†各国の歴史と現状

次に、同性カップルの保護をめぐる各国の経緯について、青山薫の論文「愛こそすべて」を参照しながら確認していきます。

２００1年にオランダが世界で初めて法律上の婚姻として同性婚を認めましたが、それに先駆けて、１９８9年にデンマークで同性カップルの関係を法的に保護する登録パートナーシップ法が施行されました。

これは、男女間の婚姻とは別枠で、同性カップルの法的保障を一定の範囲で実現するための制度でした。

その後、制度は国ごとで異なる部分もありますが、ノルウェー、スウェーデン、アイスランド、フィンランドが続き、２０００年代初頭には、異性同士の婚姻に準ずる関係を同性にも法制化する、いわゆる「同性パートナーシップ北欧モデル」がヨーロッパに広がっていきました。

デンマークでは、２００9年の法改正で、同性カップルが養子を迎え共同親権を持つことが認められ、２０１2年に「ジェンダー・ニュートラルな婚姻法」が成立しました。

ここがひとつポイントですが、婚姻と登録パートナーシップの差が消滅したことにより、登録パートナーシップ法が廃止されました。北欧モデルでは、同性パートナーシップは「過渡的な措置に過ぎず、婚姻の平等が達成されれば必要がなくなる」という論理を採用していました。

ノルウェー、スウェーデン、アイスランドも「ジェンダー・ニュートラルな婚姻法」と引き換えに「登録パートナーシップ法」を廃止したのです。いわば、登録パートナーシップ法は「お役御免」となったわけです。

しかし、オランダやフランス、イギリスなどは別の論理を採用します。オランダでは、１９９８年に「登録パートナーシップ法」が施行され、その後すぐの２００１年に同性婚が世界で初めて施行されました。

婚姻法の改正によって、オランダでは異性同士でも同性同士でも婚姻か登録パートナーシップかを選択できるようになりましたが、両者の差がほとんどなくなっても両者の「象徴的意味」の違いを考慮して登録パートナーシップを残しています。

結婚とパートナーシップの違いはなにか？

すでに何度か触れていますが、フランスは１９９９年にＰＡＣＳ（民事連帯契約）を施行しました。

この契約は、成人同士であれば、異性愛者カップルにも、さらには性的関係にない二人にも開かれている点で、単なる「同性パートナーシップ制度」とは異なります。

ＰＡＣＳが施行されて以降、異性間の婚姻数が減少し続ける一方で、異性間のＰＡＣＳ

は増加し続け、現在ではPACSの利用者の9割以上は異性同士です。

フランスでは2013年に同性婚が法制化されました。現在では、同性カップルは、結婚かPACSかを選択できます。

イギリスはこの「象徴的意味」の違いをかなり厳格に定めている例です。イギリスも同性婚の施行後もパートナーシップ制度を残していますが、婚姻との大きな違いは、婚姻制度に込められた宗教性や伝統といった象徴性が市民パートナーシップにはないという点です。性的関係に限定されていないという特徴もあります。

イギリスの市民パートナーシップはそれを結婚制度とはっきり分けるために、（1）伝統的儀式によって定められた言葉で誓わないこと、（2）宗教的誓約によって関係が結ばれないこと、（3）性感染症が関係無効の条件にならないこと、（4）不貞（第三者との性交）が関係解消の条件にならないこと、を規定しています。市民パートナーシップを明確に伝統と宗教から遠ざけることで、その両立を図っているのです。

このように、同性婚だけではなく複数の選択肢が用意されている理由のひとつに、キリスト教の社会では結婚が「宗教婚」の意味をかなり強く持っていることがあげられます。

前章までに西洋諸国で婚外子が増えていることについて触れましたが、結婚制度を選択しない理由の大きな部分にこの宗教性が関係しています。パートナーとして家族になりたいと考えていたとしても、さまざまな理由から宗教的伝統と密接に結びついた結婚を選択しない人が増えているのです。

6　日本におけるセクシュアル・マイノリティ

†同性愛の日本史

続いて日本についてみていきます。

多くの歴史資料から、江戸時代までの日本は同性愛に寛容な国だったことが明らかにされています。「寛容」という言葉が適切かどうかも議論を呼ぶのですが、少なくとも前近代の日本社会で同性愛が文化として存在し、社会に認められていたことは確かです。

最近も、同性愛をめぐる日本の歴史について紹介する書籍が多く刊行されているので、詳しくはそのような書籍も確認してみてほしいと思います。

江戸時代の武士層では、男性と男性が性関係を持つことが「男色《なんしょく》」と呼ばれました（ちなみに「女色《じょしょく》」は女性同士の性行為ではなく、男性が女性と性行為をすることを意味します）。男色は、武士道徳において「衆道《しゅどう》」と呼ばれていましたが、その関係は武士が追求すべき「道」と位置づけられ、道徳的・倫理的な色彩さえ帯びていたのです。織田信長や徳川家康など、数多くの有名武将たちもまた男色関係を持っていました。

何年も前の話になりますが、幼馴染の友人二人と京都で開催された「春画展」に行ったことがあります。そこにもしっかり「衆道コーナー」が設けられており、「面目躍如」の気持ちで友人に衆道について意気揚々と解説したことが思い出されます。

誰もが知っている歌川広重や葛飾北斎といった浮世絵師たちも衆道を描いた作品を多く残しています。17世紀には男色を取り上げた書物や芸術作品が増加し、江戸時代の社会では立派な文化として確立していました。武家や町人の男色を扱った井原西鶴の『男色大鑑』は、全8巻からなる大作として有名です。

こうした同性愛に対する社会のまなざしが大きく転換したのが、明治時代

明治時代に同性愛へのまなざしが変わった

です。

これまでの章でもたびたび触れてきましたが、文明開化の影響は日本社会における性についての見方・価値観を大きく変えました。

アメリカの歴史学者ゲイリー・P・リュープは著書『男色の日本史』のなかで、江戸時代末期、開国の際に日本にやってきた西洋人たちが日本の男色文化を強く非難したのを見て、日本の指導者たちがそれを「不道徳」なものとみなすようになっていったことを明らかにしています。

西洋の文化や科学知識の急速な普及により、同性愛は「変態性欲」と名指され、学術的な議論が活発化していきます（今でも古い書籍が多く蔵書されている大学図書館などに行くと、タイトルに「変態性欲」と入った医学書をたくさん見つけることができます）。

こうしたなかで、西洋と同じく、同性愛の病理化が進行していきます。同性愛は、「正常」に反する「異常」として扱われ、治療・排除の対象となっていったのです。

†全国自治体による同性パートナーシップ制度

近年、同性婚が認められていない日本では、同性カップルが結婚した夫婦と同等の行政・民間サービスを受けられるよう、多くの地方自治体がその関係性を証明するパートナーシップ制度を導入しています。

２０１５年に渋谷区と世田谷区で初めて導入され、そこから全国に加速度的に動きが拡大し、２０２３年6月28日の時点で、全国３２８の自治体で導入されています。

日本では、法的な家族を自治体レベルで制度化することはできません。それゆえ、自治体によるパートナーシップ証明書には法的効力はありません。しかし、パートナーシップ制度の普及は、家族をめぐる規範や常識を塗り替えるという意味で一定の意義があると思います。

第一に、同性パートナーに自治体が公的な承認を与えることには「可視化」の効果があります。

現に存在しているにもかかわらず、これまで「なきもの」とされてきた人々の存在を社会に知らせる効果です。当事者の抱える困難や課題が、社会において解決すべき人権問題であることを急速に浮き彫りにしたことがその重要な意義でした。

法律が変わらなくとも、さまざまな企業や職場で、同性カップルを結婚している夫婦に準じて扱う動きは拡大しています。

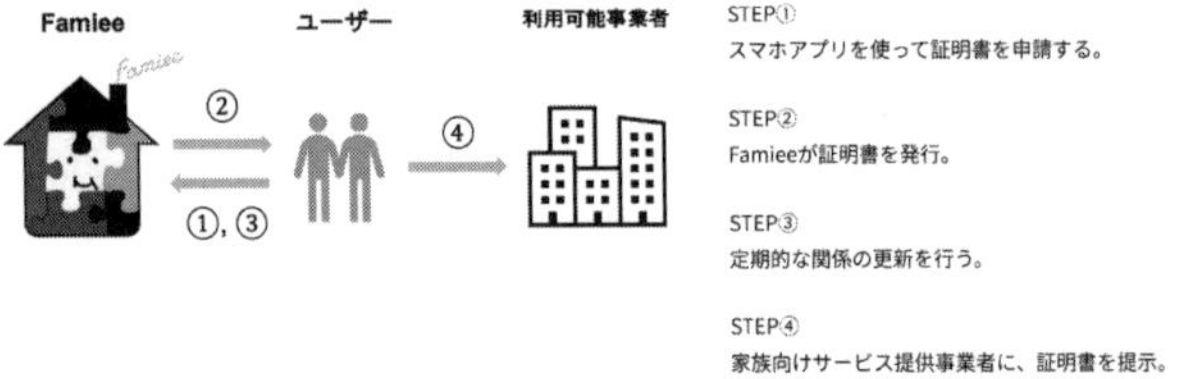
Famiee
ユーザー
利用可能事業者
②
①, ③
④
STEP①
スマホアプリを使って証明書を申請する。
STEP②
Famieeが証明書を発行。
STEP③
定期的な関係の更新を行う。
STEP④
家族向けサービス提供事業者に、証明書を提示。

5-4　Famieeの使い方（Famieeのホームページより https://famiee.org）

　企業によっては、すでに家族手当や就業規則などの福利厚生に関する規定を、同性パートナーにも法律婚の配偶者と同様に取り扱っているようなケースが増えています。

　こうした企業では、従業員に対して柔軟な福利厚生を実施することで、職場の魅力を高め、より多様で優秀な人材を確保できるという動機もあるようです（鈴木賢「異性愛主義に空いた風穴」）。

　一般社団法人Famieeのように、こうした企業のために家族証明書のサービスを開始した注目すべき取り組みもあります。多くの有名企業がFamieeに共鳴し、証明書の導入を実施しています。

　こうした現実の変化は人々の常識を揺るがし、ひいては、国に対するプレッシャーとして働くことは間違いないと思います。

　第二に、自治体による公的な承認は、当事者たちの自己肯定感の向上など精神的なメリットに寄与する効果があります。

当事者において、特に子どもなど若年層で、自分自身の存在に疑問を覚え、自己否定してしまうケースはきわめて多いのです。公的承認があることで、当事者たちは、同性愛やトランスジェンダーであることがけっして隠したり否定する必要のないことで、ひとつの個性なのだと理解できるようになるのです。

パートナーシップ制度ができることで、目に見えるロールモデルが生まれ、生き方に関する情報を得ることで自己肯定感を大いに高める効果もあるでしょう。

このようなメリットがありますが、その一方で、パートナーシップ証明制度の全国的な広がりには批判的、あるいは批判的とまでは言わないでも懸念の声は多くあります。

それは、証明書の広がりが同性婚の実現をむしろ阻《はば》むのではないか、というものです。自治体レベルの証明書には法的な効力はありません。しかし、全国的に広がっていることを根拠に同性婚は必要ないという声が強まること、あるいは、国家の怠慢が見過ごされてしまうのではないか、という懸念です。

この懸念はもっともだと思います。これは、前章で述べた選択的夫婦別姓制度の話に共通するものがあります。

もともと、当事者たちが声をあげ「旧姓の通称使用」という権利を獲得してきた経緯が

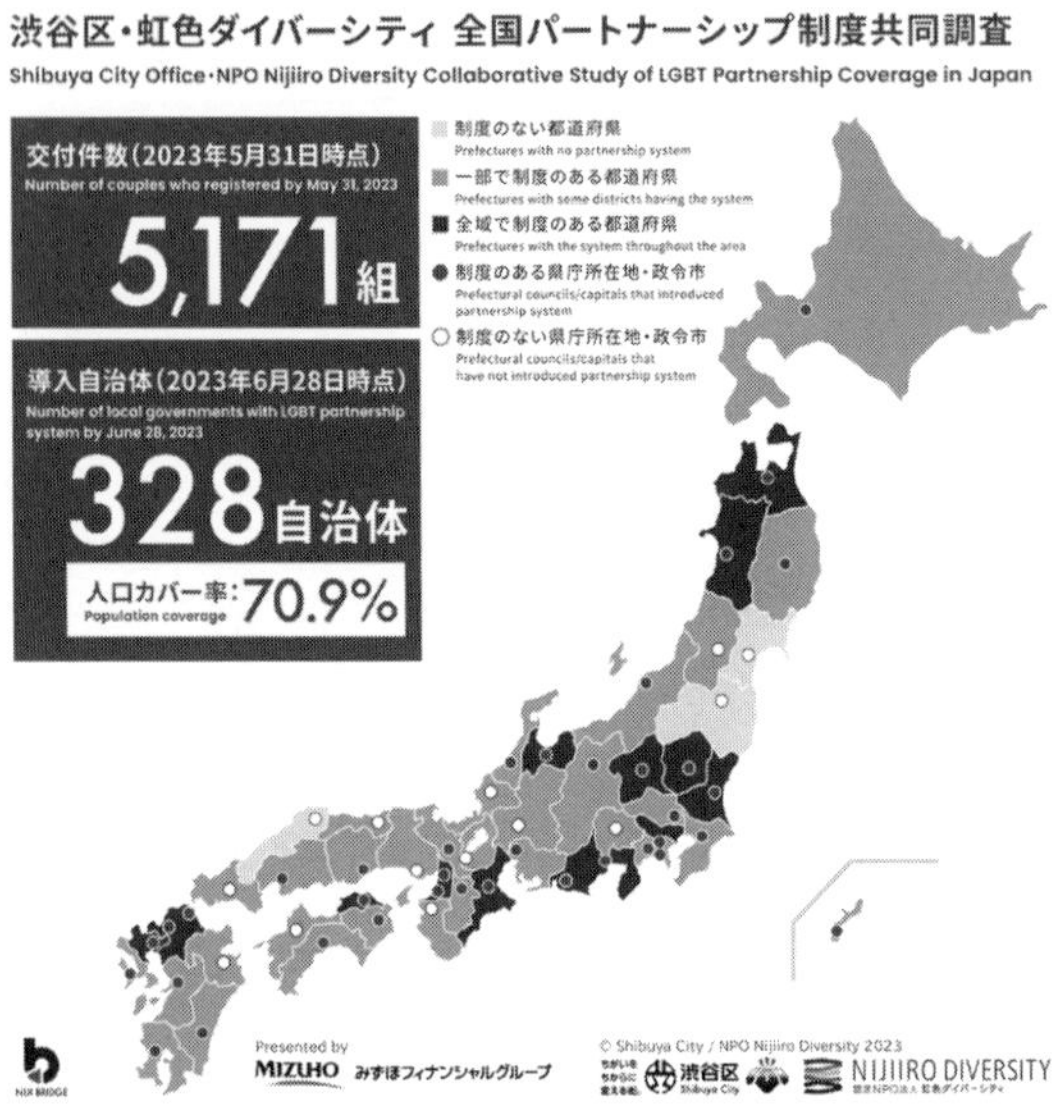

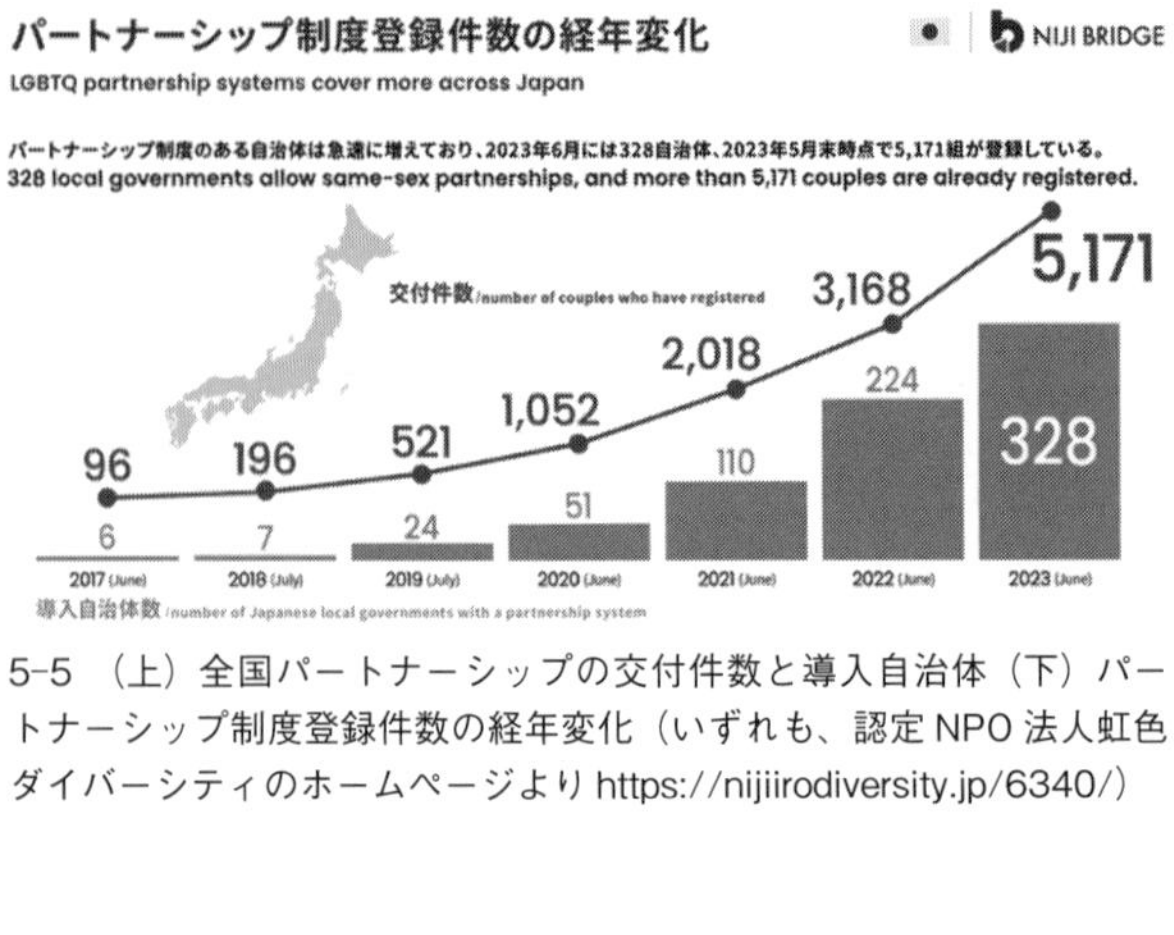

5-5 （上）全国パートナーシップの交付件数と導入自治体（下）パートナーシップ制度登録件数の経年変化（いずれも、認定 NPO 法人虹色ダイバーシティのホームページより https://nijiirodiversity.jp/6340/）

あるにもかかわらず、今では国がその通称使用の広がりを根拠として選択的夫婦別姓は必要ないと言ったりします。

自治体のパートナーシップ制度も同様で、当事者たちの長期にわたる努力によって拡大してきたものにもかかわらず、逆手にとるかのごとく「同性婚は必要ない」ことの根拠にされる可能性もなくはないように思うからです。

このように、自治体レベルでのパートナーシップ制度の拡大には正負、両義的な側面があることにわれわれは十分に留意することが重要です。

†「できることから始める」意味

とはいっても、パートナーシップ証明書や一般社団法人Famieeの取り組みなど、私自身は、「できることから始める」ことに、きわめて大きな意味があると考えています。

以前私が勤務していた福岡県立大学の「社会調査実習」という演習科目で、学生たちとともにLGBT支援についての調査をおこない、多くの当事者とその支援に携わる方々と交流し、貴重なお話をうかがう機会を得ました（阪井裕一郎編『福岡県におけるLGBT支援の現状と課題』平成30年度福岡県立大学「社会調査実習」報告書にまとめられています）。

私はこうした人々との交流を通じて、セクシュアル・マイノリティをめぐる問題が「今ここにある危機」であり、「できることから始める」ことの重要性を認識させられました。たとえば、HIV予防啓発活動やさまざまな性的マイノリティ支援活動に携わっている、ゲイ当事者の牧園祐也さんが、自分が子どものころをふりかえりながら次のように語っていたことが印象的です。

僕自身もそうだけど、自分だけしかいないと思っていたり、思い返すと孤独だったんだろうなと思うので。LGBTのことを明確に教わらなくてもよかったけど、「そういう人もいるし、いてもいいし、生きてもいけるんだよ」みたいなメッセージがあれば、手探りでもいいので、希望を持っていけたのかなという気はしています。

九州レインボープライドの代表を務める三浦暢久（あなたののぶゑ）さんが、レインボープライドの意義について語ってくれた内容も紹介しましょう。

三浦さんは、レインボープライドの主催をはじめ、年間を通して多くの公民館や学校で講演をおこなっていますが、その理由を「子ども世代、子どもを持っている親世代にお知らせをしたいから」と述べていました。

困っている当事者は今現在も当たり前に同じ地域に住んでおり、子どもたちの中にも当事者はいる。まわりの大人が知り、ちゃんとわかってあげられれば、救ってあげることができる。これを周知する大きな意味がレインボープライドや講演にあると言います。

LGBT当事者が生きづらい社会を変え、「自分らしく生きることができるような一歩を踏み出す勇気を与えたい」。

三浦さんは、自分がパレードを続ける理由を、自分自身のライフヒストリーとともに次のように語っています。少々長くなりますが、紹介させてください。

最初に30歳のときにカミングアウトをしました。

最初に言ったのが母親だったんですね。言ったといっても面と向かっていう勇気はなくて手紙を書いただけです。（……）

1カ月半くらい待ちました。やっと手紙が届きまして、その手紙の中には、「お腹の中で何があったのかな」、「育て方が間違ってたのかな」とか、「誰かに騙されてるんじゃないの、洗脳されてるんじゃないの」っていうことが書いてあったんですね、最初は。

でもそれがずっと書いてありながら最後の最後には「それでもあなたは私の息子だから、あなたがそれで幸せになれるんだったら頑張りなさい、応援するから」って書いてあったんです。

もうその言葉を見たときに涙が止まらなくてですね。やっと認めてもらえた、やっと楽になれた、本当に30年隠し続けてきて、重たい重たい重たい何かがやっとぽろっと落ちたような感覚になったのを覚えています。

で、一番私の中で印象的だったのが、次の日の朝でした。すごく爽やかに目が覚めて、本当に爽やかという言葉がぴったりなんですけど、仕事行くときに「天神の街並みってこんなにキラキラしてたかな？明るかったかな？」っていうくらい、自分の気持ちがとっても軽くなってるからだと思うんですけど、そのくらいすべてのものがキラキラして見える、心が軽やかになっていたのを覚えています。

自身のこうした体験こそが、三浦さんをレインボープライドの活動へと突き動かし続けているとして、こう続けます。

私がパレードをするときに、LGBT当事者を守ってほしい、優しくしてほしいというのは当然あります。

ですが、LGBT当事者に「一歩を踏み出しませんか？」という気持ちもあるわけです。そうすると、あなたの人生が変わるよって。

みなさんも同じだと思うんですけど、人生が彩られるときに大事なものって、お父さんやお母さんやきょうだいや、友だちだったり、もう少し広げれば、これからお仕事を始めたら同僚だったりするわけですが、近くに10人弱くらいの人でも「絶対に味方だよ」って言ってくれたら、ある意味人生って安心安全なんですよね。

それを私は30歳でやっと勝ち取ることができたわけです。でもそれは一歩を踏み出さなければそうならなかったわけですね。（……）

だから、一歩を踏み出してほしいんです、当事者に。そうすると、「自分の住んでいる世界が変わるよ！」って思うんですね。踏み出し方もいろいろあると思います。

ですが、安全地帯を作れることができれば、あなたの人生は勝ったものと同じ、と思うわけです。

なので、そういう思いがあって、どっかで一歩を踏み出せる環境がないかなって思ってやってるというのが私の本心です。パレードをやってる理由ですね。

社会から公的に承認されることの意義は大きい

これはレインボープライドについての話ですが、社会が公的に承認を与えることによって、あらゆる人が自分自身の性的指向や性自認について肯定できる社会になります。

先ほど自治体レベルのパートナーシップ制度には国家の怠慢を覆い隠すというネガティブな可能性があることに触れましたが、「できることから始める」には大きな意義があると思います。

自分も生きていてよいと思える――。

単純に聞こえますが、きわめて大事なことです。「日本も欧米のようにいつかは同性婚を認めないといけないよね」などという、悠長なことは言っていられないのです。

セクシュアル・マイノリティをめぐる問題は「今ここにある危機」です。

当事者の自殺念慮割合が高いことや、精神的な問題を患っている人が今現在たくさんいることが、多くの調査で示されています。自分の存在を否定され続けて生きてきた人が自分を肯定するのが難しいことは、容易に想像できると思います。

今、そして、次の世代のこうした問題を解決するために「できることから始める」という考えを私は強く支持します。

7 同性婚の意義

†同性婚をめぐる対立軸

今日の日本でも、結婚制度に対する批判や、同性婚を求める世論が高まっています。

たとえば、2023年2月の朝日新聞社による世論調査では、同性婚を法律で認めるべきかの質問に「認めるべきだ」が72%、「認めるべきではない」は18%でした。同じ月の、日本経済新聞社の世論調査でも、同性婚を法的に認めることについて「賛成だ」が65%、

「反対だ」が24％という結果でした。この調査では、自民党支持層でも「賛成だ」が58％と過半数を占めたと報告されています。

とはいえ、多様な関係性を結婚制度のなかに包摂しようという動きに対しては、必ずしも保守的・伝統的な立場からの批判だけではなく、リベラルな立場からの反論や疑問も突き付けられます。

選択的夫婦別姓制度について、法律婚や戸籍を補強してしまうというリベラルな立場から牽制する主張がありました。同性婚をめぐる議論でもセクシュアル・マイノリティの当事者たちや専門の研究者たちからも、批判的な見解が提示されることはあります。

同性婚の議論も、前章の夫婦別姓と同様、必ずしも保守対リベラルのような単純な枠組みではとらえきれません。

同性婚の議論は保守対リベラルではとらえられない

同性愛当事者のなかにも、そもそも結婚制度そのものが自分たちを差別し社会から排除してきた元凶だ、という考えから、今さら結婚制度に入れてもらうなど「こちらから願い下げだ」という立場を表明する人もいます。以前私がお話をうかがったゲイの方にも、同性婚をはじめ、現在のＬＧＢＴに関するあらゆる活動を非常に強い口調で非難する方がいました。

反対にこういう主張もあります。

これはアメリカの例ですが、結婚の価値を尊重する「保守本流」を自称する弁護士が、同性婚を認めることは結婚という素晴らしい制度を補強することだから、「保守的な価値観の勝利につながる」と述べています（セオドア・オルソン「保守本流たる私が同性婚の権利を守るために戦う理由」）。

ちなみに彼は、「同性婚を公的に認めるべき理由はたくさんある」と述べ、死刑囚でも児童虐待者でも、家庭内暴力を振るう夫でも、男と女でさえあれば結婚を認めている。それなのに、愛と思いやりに満ちた同性婚を禁止することは理不尽だとも述べています。

社会学者の風間孝の言葉を引用するなら、同性婚をめぐっては「異性愛規範に基づく近代家族制度のなかで、疎外されるだけではなく、家族形成の機会を奪われてきたレズビアン／ゲイは、家族制度の解体を主張するベクトルと家族形成の権利を要求するベクトルの間を揺れ動くこととなる」のです（風間孝「同性婚のポリティクス」）。

†リベラルな立場からの同性婚批判

青山薫の整理によれば、リベラルな立場からの同性婚反対論にはおおよそ（1）性的マイノリティの中のマイノリティの排除、（2）経済的弱者排除の問題、（3）近代家族規範・国家の法制度への包摂の問題、（4）グローバル資本主義・新自由主義政策との親和性などがあげられます（青山薫「愛こそすべて」）。

少し粗いかもしれませんが、同性婚に対するリベラルな立場からの批判は、おおむね「同性婚の制度化はマジョリティへの同化政策として機能する」という批判だといえると思います。

同性愛カップルが結婚制度に組み込まれることによって既存の性規範はむしろ再強化され、その結果、同性愛者以外のセクシュアル・マイノリティが見過ごされたり、抑圧・差別が強化されてしまう危険があります。

たとえば森山至貴は、同性婚について論じる中で、それがたとえ特定のセクシュアル・マイノリティにとって好ましい制度でも、その他のセクシュアル・マイノリティの存在を脅かしたり置き去りにしたりするならば、批判されなければならないと指摘します（森山至貴『LGBTを読みとく』)。

重要な指摘です。

これまで結婚制度によって社会の隅に追いやられてきたのは、同性愛者だけではありません。同性婚の実現が限定的なものであることにわれわれは自覚的である必要があります。

†結婚を攪乱する

とはいえ、結婚制度が社会において一定の功利を持っていることも事実です。

これを考慮するならば、結婚制度を本質的に差別的な制度だと断定してしまうのも性急だというのが私の立場です。同性婚をリベラルの価値から肯定することは可能であり、同性婚の制度化は同性愛カップル以外の多様な関係を包摂するうえでも大きなメリットがあると考えます。

私は、さまざまな関係性が結婚に組み込まれることで、結婚というカテゴリーそのものが攪乱《かくらん》されていく点を積極的に評価することができると思います。

結婚という言葉を従来の意味から引き離し、転用することには重要な意味があります。

例えば、「最小結婚」を提唱するエリザベス・ブレイクは、結婚制度をなくしてそれとは別の新たな制度を設けるべきだという意見に対し、結婚という名前を存続させる意義を「現在流布している結婚の社会的意味を混乱させる」ことだと述べています（エリザベス・ブレイク『最小の結婚』）。

ブレイクは、異性愛以外のさまざまなオルタナティブな関係の社会的地位を向上させるためには、結婚をなくすのではなく、結婚という言葉の意味を攪乱する必要があるとして、これによって国家は異性愛的一夫一妻婚の理想を脱標準化することができると言います。

彼女は、国家が結婚を定義しなおすことこそが、結婚をめぐる不正義の公的な修正を可能にすると言います。

既存の結婚制度の問題を内側から解体していく

仮に国家が結婚制度を廃止したとしても、結婚をめぐる主導権が商業主義など他の領域に移っていき、かえって不平等な状況が生じる可能性がないともいえません。国家がしっかり関与し、社会的地位としての結婚への平等なアクセスを確保することが人々の関係性を保障するうえで重要だというのです。

結婚制度を廃止せず、改革していくことは、言うなれば、既存の結婚制度の問題を内側から解体する試みです。

結婚にはそれこそ長い歴史がありますが、言葉は同じでもその中身は大きく変わってきました。この変更可能性に目を向け、結婚を不断に問い直していくプロセスこそを重視すべきだと考えています。

8　あらためて「多様性の包摂」を考える

社会が多様性を包摂する方向性には大きくふたつがあると思います。

社会学者の見田宗介は、差別のこえ方には2通りの方法があると述べています（見田宗介『現代日本の感覚と思想』）。ひとつは、「みんなが同じだ」という仕方で差別をこえる方向、もうひとつは「みんなが違う」という仕方で差別をこえる方向です。

男女平等を例にあげれば、「男も女もみんな同じ人間だから平等である」というように、「みんな同じ人間だ」として平等をめざす方向がひとつです。それに対し、「男といっても人それぞれ違う、女といっても人それぞれ違う」として「みんなが違う人間だ」を前提にその違いを考慮して平等な社会を築こうという方向もあります。

どちらが正しいか間違っているかという単純な話ではないのですが、前者には新たな差別や排除が含まれている可能性があることを見田は指摘します。「同性愛者だって異性愛者と同じ」として同性婚の正当性を主張することで、新たな差別を生み出してしまうことがあるでしょう。

繰り返しになりますが、そもそも性愛を持たない人や、異性愛者の中にも性愛関係とは別のかたちで誰かと共に生きていくことを望む人(そうせざるをえない人)も多くいるのです。結婚に価値を置かない人や、結婚を拒否する人も増えています。

われわれは、平等を同質性に訴える方向性がはらんでいる問題を自覚しながら、セクシュアル・マイノリティと結婚の問題を考えていく必要があると言えるでしょう。こうした点は次の終章でも詳しく見ていきたいと思います。

＊

あらためて、多様性を包摂するとはどういうことなのか。

私は2016年の夏に、オランダのアムステルダムで開催された欧州最大規模のゲイ・パレードである「ユーロ・プライド」に参加しました。わずか1週間程度の滞在で何かを言うのは「オランダかぶれ」もいいところかもしれませんが、アムステルダムで過ごしているその間、私は「関心」と「無関心」について考えていました。

私はアムステルダムに滞在中ずっと「居心地の良さ」を感じていたのですが、この原因はいったい何だろうか、と思っていました。

もちろん、プライド開催期間中だったことを考慮に入れなければなりませんが、街には本当に多種多様な人種、セクシュアリティ、ジェンダー、異性装の人たちが歩いていて、誰もがみんな「他人に無関心だな」と思ったのです。

そして、この「無関心」こそ、この街の居心地の良さの理由ではないかと思ったのです。

「無関心」は悪い意味で使用されることの多い言葉です。しかし、他人との違いに無関心でいられること——これこそが本当の意味で多様性の包摂なのかもしれません。

私が考えたのはこういうことです。

社会がマイノリティの生き方や境遇に強く「関心」をもって制度・社会を形づくっているからこそ、個々の人たちは互いの違いに「無関心」でいられ

他人との違いに無関心でいられる社会

るのではないか。

一方、日本に目を移すと、マイノリティに対する制度や理解が不足しています。いわば社会が「無関心」であるからこそ、個々の人たちは「自分たちとは違う他人」に過剰なまでの「関心」を持つのではないだろうか。何をするにも、他人の目が気になって仕方がないのです。

これはセクシュアル・マイノリティに限った話ではありません。

「ふつうから外れた人」に好奇の目を向け排除しようとする社会では、誰もが自分自身も排除されないように「ふつう」であるよう努めて生きなければならない。ここに生きづらさや居心地の悪さの原因があるように思ったのです（私がこう考えたのは、指導教授の渡辺秀樹先生の論文「置き去りにされる子どもたち」の影響があるかもしれません。ネグレクトの問題における関心と無関心の構造に触れた重要な論文です）。

誰もがカミングアウトできる社会を――。

最近では職場でも安心してカミングアウトできるよう周囲の理解を深めましょう、という流れがあります。

それ自体はけっして否定すべきことではなく、重要なことです。さまざまな調査で、職場でのカミングアウトは勤続意欲の向上につながるなど、そのポジティブな影響が明らかにされています。

しかし、本当の意味での多様性の包摂とは「カミングアウトの必要がない社会」です。シスジェンダーで異性愛者であるマジョリティは、「私は女性が好きです」などとわざわざカミングアウトする必要はありません。

カミングアウトという言葉はもともと、カミング・アウト・オブ・ザ・クローゼット(coming out of the closet)、すなわち、「クローゼットに隠れるのをやめて、外に出ていこう!」という社会運動のスローガンです。

そもそもクローゼットに隠れる必要がない社会、それこそがわれわれが実現すべき社会なのです。

終章 結婚の未来

1　未婚化社会をどうとらえるか

2023年に、アメリカの教育学者リチャード・リーヴスによるTEDのスピーチ「男性の教育クライシスにどう立ち向かうか」が話題になりました。

彼は、さまざまなデータに基づいて、こんにち世界中の教育現場で男子が女子に比べ著しく落ちこぼれている状況を紹介しながら、教育制度の問題点について指摘しています。そのなかで、現在のアメリカでは、学齢期にある男子の4分の1が何らかの発達障害と診断されていることが紹介されます。彼は、4分の1までが「障害」であるというのは、もはや個人ではなく社会システムの側に問題があるとしか思えない、と述べます。

†家族になる方法

まったく同様のことが現在の結婚制度にも言えるように思います。

未婚率が上昇し、近い将来、男性は三人に一人、女性は四人に一人が生涯にわたって結婚という経験をしないと推計されています。

現在の世帯状況を見れば、単独世帯が最も多く、一人暮らしが日本における最もメジャーな住まい方になっています。結婚制度の枠の外で生きる人が増えたことで、孤立が大きな社会問題になっています。

この現実を前に、なんとかして未婚者を結婚できるようにしなければならない、と必死になっているのが日本社会の現状だといってよいでしょう。

未婚率の高まりについてはさまざまな要因が指摘されていますが、特に近年ではその経済的要因が指摘され、経済や雇用の対策が重要だといわれます。

もちろん、経済対策が必要だということは否定しません。

しかし、そもそもその前提にある結婚のあり方を自明視し、疑うことがないことに問題があると考えています。

少々乱暴な言い方かもしれませんが、現在の動向は、従来の結婚という枠組みをそのままに、「みんながちゃんと結婚の中に入れるように対策しましょう」という流れに見えます。

しかし、本書でも確認してきましたが、「結婚か独身か」という二者択一

「結婚か独身か」という二者択一は妥当なのか？

的な制度設計に限界がきているように思います。

結婚していない人のことを「独身」と呼ぶわけですが、結婚の外にいる人が文字通り「ひとりみ」になってしまう状況を今一度問いなおす必要があります。結婚しなければ、だれかと協力し支えあって生きる関係からはじき出され孤立してしまう社会状況を問題化しなければなりません。

人々が互いをケアしたり、協力したり、依存しあったり、共に暮らす方法、もっと言えば「家族になる方法」が不足していることにわれわれは目を向ける必要があるのです。仮に経済状況が好転しても（そもそもどこまで経済が良くなればよいのか、その基準も明確ではないのですが）、今の結婚システムを自明視していては未婚率の克服にはそれほど効果はないと思います。孤立の問題に対処するためには結婚というシステムを問いなおす必要があります。

内閣府男女共同参画局「令和3年度 人生100年時代における結婚・仕事・収入に関する調査報告書」の独身者に対する調査結果を見てみましょう。

現在独身の20〜39歳女性が「積極的に結婚したいと思わない理由」（複数回答可）としてあげるのは、「結婚に縛られたくない、自由でいたいから」が48・9%とトップで、「結婚するほど好きな人に巡り合っていないから」が48・8％、「結婚という形式に拘る必要性を感じないから」が41・0％となっています。40〜69歳の独身女性においても、「結婚に縛られたくない、自由でいたいから」がトップの60・7％、「結婚するほど好きな人に巡り合っていないから」が58・8％、「結婚という形式に拘る必要性を感じないから」が55・6％と続きます。

このように、生きていくうえで結婚という制度にこだわる必要はないと考える人が増え、「結婚するほど好きな人」がいないと考えている人が増えています。しかし、これらの人は、少なくとも制度上は家族を形成することができず「ひとりみ」で生きていくことになります。

未婚者を結婚に組み込むことだけを目的とするのではなく、これまで結婚を通じてしか担えなかったさまざまな機能を引き受けるための新たな受け皿を用意していくべきではないか。

「結婚ありき」ではなく、人間の支えあいの関係のひとつの選択肢として結婚を位置づけなおすこと――。

結婚を脱中心化していくことこそが社会にとって重要だという観点から、

結婚を脱中心化していくことが
社会にとって重要なこと

本章では「結婚の未来」を考えていきます。

2 結婚制度はどう変わるべきか?

少し理論的な話をしておきます。

ジェンダー法学者のマーサ・A・ファインマンは、性的関係に基づく特権や保護はすべて廃止すべきだという立場から法的な結婚制度の廃止を提唱しています。

彼女は『ケアの絆』のなかで、「どうして結婚が国家の援助と公的扶助を受けるために支払わなくてはならない入場料にならなければいけないのか。どうして家族を、結婚関係をつうじて定義しようとするのだろうか」と問います。

彼女に言わせれば、多くの人が「結婚しないと達成できない」と思い込んでいることの多くは、実はそれが結婚である必然性がありません。

そのうえで、性的関係があるかどうかだけを基準に家族の権利・義務を規定することに合理性はないと述べ、これまで社会政策の中心に位置づけられていた男女の性的関係ではなく、「母子対」に代表されるケアの担い手と依存者からなる養育家族を保護の対象単位に変換すべきだと主張します。

国家が人々を保護するとき、ケアの担い手とケアを享受する依存者との直接的な関係こそを政策単位とすることが最も理にかなっているというのです。

ファインマンの提案は、性的関係以外で結びついたさまざまなケア関係の保障までを想定しており、多様なケアのユニットが家族に与えられる地位や権利を持てるようにすべきだというものです。

国家はいったいなぜ性的関係だけを優遇し特権を与えるのか？

なぜわれわれは恋愛したり、性的関係がなければ、誰かと家族として生活することはできないのか？

このようなファインマンの問題提起はこれからの結婚を考えるうえで不可欠な視点です。

†最小結婚

もうひとつ、紹介したいのは、エリザベス・ブレイクの「最小結婚」論で

「結婚しないと達成できない」という思い込み

す。

ブレイクは、ファインマンと同じように、性的関係のみに権利と義務の「一式パッケージ」を付与する現在の結婚制度を批判し、ケアを基軸とした制度改革を提唱します。

ただし、ブレイクのいうケアの概念は、ファインマンが想定する「大人と子ども」や「介護者と被介護者」といった依存状態を伴う関係だけではなく、成人どうしの非依存的関係までを含めたずっと広いものです。

ブレイクは、互いに助け合い支えあうケア関係というのは、人がいかなる指針のもとで人生を歩む場合にも必要となる「基本財」だと言います（基本財とは、政治哲学者ジョン・ロールズの概念で、人がどんな人生を思い描いていても「欲するはずだ」と想定される財を意味します）。

人は基本財を持つことで、生きるうえで自分の意図や目的を実現できる可能性を高めます。彼女によれば、結婚制度はこうした成人どうしのケア関係を支える基盤となり、公共的な価値を持っている。

ブレイクは、このケア関係の維持を可能にするための権利を国家がしっかり付与するための法的枠組みとして、結婚を再編成すべきだと主張します。

結婚に求めるものは人それぞれ異なりますが、ブレイクによれば、結婚の価値や目的を狭く規定してしまえば、人々が結婚に求める多様な価値観を包摂することはできません。ある特定の価値観を持っている人の結婚だけが有利になることは避けなければならないというのです。

結婚の多様性を守るために結婚の規定は最小限に留めるべきだ、というのが「最小結婚」の主旨です。

「最小結婚」論における最も重要な批判対象が性愛規範性です。性愛規範性とは、排他的に愛し合う性愛関係こそが人々の目指すべき普遍的目標であるという社会に流布した規範を意味します。最近では「強制的性愛」という言葉もほぼ同じ意味で使われています（例えば、アンジェラ・チェン『ACE』）。

ブレイクは、性的関係や二者関係を特権化している「同性婚」もまた十分な制度とは言えないと言います。

アセクシュアルやアロマンティック、友人関係、ポリアモリーの当事者なども制度上保護されるケア関係を必要としており、結婚制度を相互に重要な

結婚の多様性を守るために
結婚の規定は最小限にとどめるべき

ケアを担いあっている友人関係や複数人による関係までに開くべきだと主張しています。

3 なぜ友だちとは家族になれないのか？

2017年、同性婚が認められているアイルランドで、83歳のマット・マーフィーさんと58歳のマイケル・オサリバンさんが男性同士で結婚しました。二人は長らく親友関係にありましたが、同性愛者ではなく恋愛関係にはありません。

もともとマーフィーさんは首都ダブリンで一人暮らしをしていたのですが、病気で視力が落ち生活がままならなくなりました。一方、コンピューター技師だったオサリバンさんは、不況で職とアパートを失い、車中生活も経験しました。

そこで、マーフィーさんはオサリバンさんと一緒に暮らして、自分の生活のケアをしてもらう代わりに家を譲渡することを思いつきます。しかし、家を譲るには高額の税金がかかることがわかりました。

そこで選んだのが結婚でした。結婚すれば配偶者への譲渡は無税となることを知り、知人の修道女の仲介を経てカトリック教会で式を挙げました。

二人は、「私たちは友人として愛し合っている」と述べ、「同性愛者たちは皆のためにも平等を勝ち取ってくれた」と語りました（『西日本新聞』2018年1月4日夕刊）。

さて、このケースについてどう思うでしょうか？

このニュースに対する世間の反応には、「同性婚の悪用だ」とか、「同性婚を認めるとこういうずるいことをする人も出てくる」などといった非難の声がいくつかみられました。

私はこのような否定的な反応を見ながら、このケースは「結婚とは何か」を考えるうえで非常に興味深いと思いました。

この二人が結婚して家族になることに、なぜ第三者が「ずるい」と感じてしまうのでしょうか。

当の二人は、互いにケアしあう関係を合理的だと考え、相互承認のうえで結婚し、税制上の優遇を得るため「家族」として生きていくことにメリットを感じています。一般的な異性愛の夫婦と違いがあるようには思えません。

しかし、われわれは家族になるためには恋愛や性的関係がなければ、なんとなく「おかしい」「正しくない」と思ってしまうわけです。

みなさんのほとんどが友人を持っていると思います。しかし、友人を法的に承認する制度は存在していません（友人であることを証明するものがあるとすれば、はっきり「友達」と記されているＬＩＮＥとFacebookくらいでしょうか。冗談ですが）。

不意に「友人との結婚」と言われても、にわかには同意しがたい人も多いと思いますが、「なぜ友人は家族になれないのか」を突きつめていくと、案外その根拠は乏しいように思います。

「子どもを産めないから」を理由にあげる人もいるかもしれません。

今でも、生殖可能性を理由に同性婚を否定する人がいますが、現在の結婚制度は生殖能力を結婚の条件に定めているわけではありません。さまざまな身体的事由や高齢などで子どもを産むことができない人でも、男女のカップルであれば結婚を拒否されることはありません。

「なぜ友人は家族になれないのか」
その根拠は案外とぼしい

†家族を選ぶ

近年、世界では友人と家族を明確に線引きすることの正当性が揺らいでおり、社会のあり方を問いなおす動きが高まっています。

欧米の社会学でも、90年代後半から「友人の家族化／家族の友人化」や「選び取る家族」(family of choice) という新しい概念が注目されています。

これまで「非選択的」だとされてきた家族関係の選択性が高まっていること、同時に、これまで「選択的」とされてきた家族以外の人間関係が家族に近づいていることを意味する概念です。

すでに多くの国で同性どうしの結婚が認められるようになった今、友人どうしが家族になるための制度やシステムが普及していく可能性は高いように思います。

序章でも触れましたが、フランスのPACSは、性的関係や恋愛関係に限定されていないので友人どうしで契約することが可能です。ベルギーのパートナーシップ制度は友人やきょうだいなど誰もが利用可能なものになっています。

ほかにも従来の「シビル・パートナーシップ法」になぞらえ「シビル・フレンドシップ法」という制度の提案も出てきています。

これは、お互いを大切に思い、サポートしあうことを誓約する友人関係を法的に認める制度です。法的な保護があれば、同居して相互に支えあう友人どうしが、税制優遇や病院への訪問、相続の権利などの重要な保護と権利を手に入れられるというわけです。

「最小結婚」を提唱するエリザベス・ブレイクは、その名もずばり「なぜ私たちは（法律で認められた）友だちになれないのか？」（Why can't we be (legally-recognized) friends?）と題する論考で、次のような例を紹介しています。

30年間一緒に暮らしている親友関係にある二人の年配女性のケースです。一人が病気になって病院に行く必要があっても、その友人は配偶者や近親者ではないため、見舞いに行くことができない可能性があります。

例えば一方が亡くなったとき、遺言書に他方について何も記載されていなければ、どれだけ長く暮らしていても相手の財産について発言権はありません。同性婚が認められても二人が結婚しなかった理由は、お互いに恋愛的な魅力を感じていないからでした。

しかし、ブレイクはこう問います。

なぜ二人の関係はロマンチックな恋愛関係よりも価値が低いとされるのか。重要ではないと見なされてしまうか。なぜ思いやりをもった二人の関係に結婚と同じ法的権利が与えられないのか。

ブレイクは、現在結婚によってしか手に入らない法的権利をできるだけ多くの人に保障する方法として、最小結婚を提唱するのです。

最近邦訳書が刊行されたイスラエル出身の社会学者エルヤキム・キスレフの著書『「選択的シングル」の時代』もまた非常に啓発的な内容です。

キスレフは、「友情という制度もまた、結婚という制度と同じくらい古いものだ」として、「シングルの時代にあっては、友情という制度は、結婚がもはや埋めることができなくなった隙間を埋めるものとして注目を集めることになる」と述べています。

キスレフによれば、これからの社会では、家族のサポート以上に友人のサポートのほうが重要になる可能性は高い。

実際、すでに高齢者層では友情が重要な社会的サポートの源として認められています。今後はあらゆる年齢において友情がその重要度を増していくことが予測できるというのです。

キスレフが言うように、恋愛と違って友情は「排他的」なものではありません。

友情であれば、親密さやサポートを構築できるルートを一人で同時に複数

これからの社会では
家族より友人のサポートが重要になる

持つことができるわけです。今後、友情が果たす役割が増大すれば、おのずとそれに関連した法的・社会的な協定も出現するでしょう。

キスレフは、「かつては異性間の結婚をしたカップルのみに認められたこうした権利のために闘ってきた同性結婚カップルや、LGBTQの人たちに対する昨今の社会の急激な変化を考えれば、友人とともに、これと同様の権利を求めるシングルの人たちの国際的な動きも、勝利する可能性がありそうだ。いや必ず、勝利をおさめるといったほうがいいだろう」とまで述べています（エルヤキム・キスレフ『「選択的シングル」の時代』）。

4　共同生活の常識を疑う

こうした新たな関係性の受け皿を構築していくうえで、われわれの住まい方をめぐる常識を問いなおすことも求められています。

住宅や共同生活のあり方は時代とともに、その背後にある社会規範と密接にリンクしながら変化してきました。歴史的に見て住宅が単に「住むためだけの場所」になったのは、近代以降のことだともいわれます。

それ以前は、仕事の場であったり、生産の場であったり、冠婚葬祭がおこなわれる場であったりしました。家族や親族だけでなく、奉公人などの他人が一緒に暮らすこともありふれたことでした。

建築学者の西山夘三《うぞう》は、戦前の住宅を「家長的、封建的なイエの営みを入れる器《うつわ》」だったと表現しています。

当時の住宅は、家長（戸主）が統率する空間であり、家族は家長の営む生活に奉仕する存在でした。「「家」の中で個人の私生活をくりひろげる空間を求めることは出来なかった」（西山夘三『これからの住まい』）と記しているように、戦前の住宅に「私生活」や今で言う「プライバシー」といった発想は希薄でした。

日本の伝統住宅には壁が少なく、多くは襖《ふすま》や障子で仕切られていました。特に農村であれば、三世代、四世代が大家族で暮らすことも一般的だったのです。つまり、家制度の規範に沿った住宅だったといえます。

その後、大家族という封建的な形態を否定する風潮が高まり、アメリカ型の民主化の風潮もあいまって、私生活重視の家族が浸透し、それが住宅にも反映されます。

†家の間取りが映すもの

家の「間取り」というのは、家族の規範や社会の規範を反映したものです。住宅は現実の家族生活をそのまま反映しているというよりも、家族の理想像を反映したものです（久保田裕之「近代家族の空間配置」）。

今も日本では、「nLDK」型の住宅が一般的です。すなわち、個室と共同スペース（リビング）という間取りですが、このnLDKのプランが完成したのは昭和30年代でした。深刻な住宅不足を解消するため、日本住宅公団（現・都市再生機構）が誕生し、食べる場所と寝る場所を分けた、シンプルな2DKの集合住宅が開発されたのが始まりです。

ダイニングキッチン（DK）は、団地の普及やその後のマンションブームの影響で全国に広まっていき、その後、戸建て住宅にもDKにリビングがついたLDKとなり、個室を含めたnLDKが定型となっていったのです（三浦展『あなたの住まいの見つけ方』）。

今日でもわれわれは、「うちは四人家族だから3LDKかな」と考えたり、不動産会社から「五人家族なので4LDKですかね」と言われたりすることがあると思います。家族の人数から1を引いた数が選ぶべき基準となっていますが、多くの人がその根拠について深く考えたことはないと思います。

上野千鶴子によれば、これは家族の中には「個室を割り当てられないメンバー」が前提されていることを意味します。

みなさんの自宅には「お母さんの部屋」はある（あった）でしょうか？

現在では多少変化もあると思いますが、日本では長らく、そして現在でも「妻であり、母である女性」の個室というものはないことが当然視されてきたのです。言われて初めて気づいた、という人も多いのではないでしょうか。

もちろん、夫婦の寝室とされている部屋の場合が多いのですが、たとえ父の部屋（や書斎）があったとしても「母の部屋」とされる部屋はなかったのではないでしょうか。

妻に個室がないことは、住宅全体が妻の管轄であり、家事責任の一切を妻が担うことを想定してのことです。

社会学者の矢澤澄子はこう述べます。

nLDKの家には「お母さんの部屋」がない

「嫁」役割の拘束を解かれたかに見えた女性を、再度「妻」役割や「母」役割に回収するモダンなDK設計は、戦後家族の性別分業規範を慣習化させる見事な設計技術であった。そして、nDK空間を「女」のモダンな自立空間と見誤ったのは、当の女性自身でもあった。

（矢澤澄子「ジェンダーと都市居住」）

上野千鶴子は簡潔に、「人間の用のために空間があるのではなく、空間の配置にあわせて生き方がつくられる」と述べています（上野千鶴子『家族を容れるハコ　家族を超えるハコ』）。

私たちはなんとなく「人間の生活にあわせて住宅が設計されている」と考えるわけですが、実は「住宅の設計にあわせてわれわれは生活を形づくっている」とも言えるのです。「住宅が意識を規定する」と言ってもよいかもしれません。

このように、家族規範やジェンダー規範が住宅のあり方と密接に関わっています。住まいのあり方を見直すことは、社会における「家族はこうあるべきだ」という規範や圧力を見直すことです。今後の家族や人間関係を考えるうえで重要な視点になるのです。

2020年の国勢調査によれば、一般世帯のうち一人で暮らす「単独世帯」が38・1％

で、現在の日本は一人暮らしが最も多い世帯の類型です。続いて、「夫婦と子供から成る世帯」25・1%、「夫婦のみの世帯」20・1%、「ひとり親と子供から成る世帯」9・0%となっています。9割以上が親族世帯か単独世帯ということになります。

当たり前の話だと思うかもしれませんが、家族か一人か、という二者択一的な住まいのあり方を問い直してみる必要があるのです。

未婚率・離婚率が上昇するなか家族関係から離脱する人が増加しています。住宅家族主義とも呼ぶべき現在の状況では、家族関係から離脱したときに孤立に陥ってしまうリスクが高いのです。

こうした住宅に関する社会規範を見直し、新たなつながりのあり方を検討しなければなりません。

†新しい住まい方――シェアハウジング

標準的なライフコースが自明なものではなくなってきた現代、新たな居住に注目が集まっています。

その代表的なものとして「シェアハウジング」があげられます。ここでは

住宅にひそむ
家族主義を見直してみる

家族以外の人たちが住宅をシェアして暮らす居住形態を幅広く指すことにします。

欧米では、若年期に経済性や効率性を考えてシェアハウジングを選択することが一般的ですが、日本ではこうした選択肢は一般的とは言えません。

たとえ他人と暮らすことにさまざまなメリットがあっても、日本では他人と暮らすくらいなら狭くても不便でもひとりで暮らすほうが気楽で望ましいと考えられる傾向がありますす（久保田裕之『他人と暮らす若者たち』）。

日本で他人と暮らすことが忌避・反発される理由として「共に暮らすのは家族であるべき」という社会規範の存在が挙げられます。

それゆえ、日本では実質的に「家族と住む」か「ひとりで住む」というふたつの選択肢しか存在しないのです。

久保田裕之が指摘するように、そもそも日本の住宅構造それ自体がこのような社会意識を反映しており、家族が共に生活するのに適していても、「他人」が一緒に暮らすためには不便なものがほとんどなのです。

シェアハウスと聞くと、若者どうしの共同生活をイメージする人が多いと思いますが、シェアハウジングのあり方もどんどん多様化しています。

ひとつには、高齢者どうしのシェア居住が普及しつつあります。「人生100年時代」と言われる現代、配偶者と死別したあとに長い期間一人で暮らす高齢者が増えています。こうしたなかで家族ではなく「グループホーム」で暮らすという選択をとる人が増えています。

ほかにも、ここ数年、新たな取り組みとして注目を集めているのが、シングルマザーが共同生活をおこなうシェアハウスです。

ひとつの住戸に複数の世帯が集まり、互いの不足しているケアを補い合うことで負担を軽減しようというのが、母子世帯向けシェアハウスの基本的な考え方です（葛西リサ『母子世帯の居住貧困』）。

入居する前に、エアコンや洗濯機、冷蔵庫といった最低限の家具が備え付けられているので、経済的コストをおさえることができ、すぐに新生活がスタートできるというメリットもあります。

以前、私も鹿児島市でシングルマザー向けシェアハウスを運営する窪商事さんに取材に行き、実際にシェアハウスを見学し、詳しく話を聞いたことがあります。

日本の住宅は
他人と一緒に暮らすのに不便

ホームページに書かれているように（6-1）、シングルマザーどうしが共同生活をすることで、「ママ同士で相談できる」「経済的負担の軽減」「子供同士で遊べる」「誰かがいてくれる安心感」「プライベートな空間」「育児と仕事の両立」といったさまざまなメリットがあります。

お話を聞いて特に印象的だったのは、大人が複数存在することで生活に生じるメリットでした。

シェアハウスの経済性という意味では、家賃や光熱費、家具といった経済的なコストを抑えられる点は比較的想像しやすいと思います。しかし、それだけでなく、家にほかの大人がいることで残業する日を確保できたり、時短勤務を減らしたりすることが可能になり、収入が増えるという側面もあります。

取材を通じて、共同生活がさまざまな選択肢を生み出し、生活の充実化につながることがよくわかりました。

他には、「ホームシェア」という取り組みもあります。

もともと北西欧や北米を中心に、世代を超えて形成される協同的な居住形態がホームシェアと呼ばれてきました。さまざまな生活上のニーズを、他人との共同生活のなかで非貨幣的に担い支え合うシェア居住です。

特に、学生（や若者）が、一人暮らしの高齢者の住居の一室を無償で提供してもらうかわりに、見守りをおこなったり、週10時間程度の雑務を担当したりする協同的な生活のしくみが一般的な形態のようです（久保田裕之「ホームシェア」）。

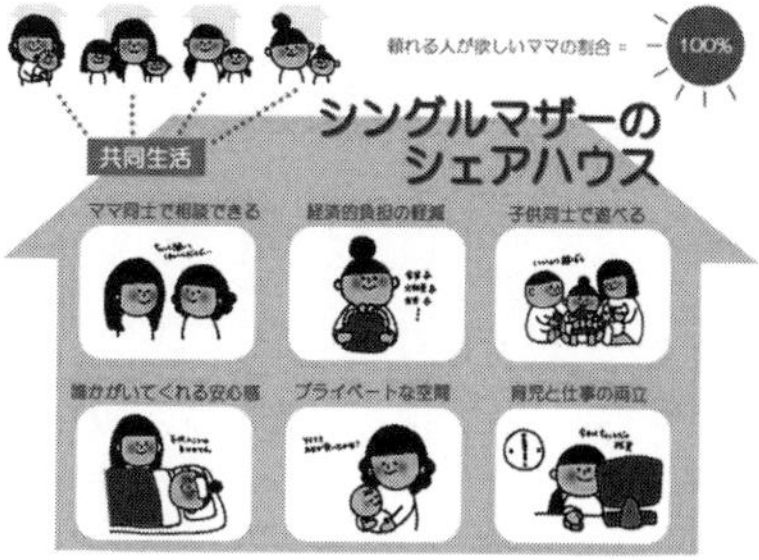

6-1　窪商事 HP より（https://kubosyouji.com/）

それ以外にも、単身高齢者とシングルマザーがともに暮らすシェア居住なども増えています。

大学の講義でこのような家族以外の人と暮らすシェアハウスの話をすると、「自分には無理だ」「現実的ではない」「落ち着かないのでは」といった否定的な感想が返ってくることもあります。

当然の話ですが、同性婚が認められたからといってすべての人が同性と結婚することを強いられるわけではありません。選択的夫婦別姓が認められたからといって結婚したらみんな別々の姓になることを強いられるわけではありません。

同じように、シェア居住が広がるからといって、みんなが他人とシェアして暮らせというわけではありません。

これまでの「家族暮らしか、一人暮らしか」という二者択一だった状況を変え、多様な選択肢を用意することのメリットを考えていこうということです。

自分には無理かどうか、自分がしたいかどうかを離れて、多様な住まい方を社会が用意することが持つ意義について考えてみてほしいと思います。

5　ニーズでつながる

現代の日本では、まだまだ住まい方や共同生活に関するステレオタイプに縛られているがゆえに、多くのミスマッチが生まれていると思います。

たとえば、7軒に1軒が空き家であるといわれる一方で、住居に困窮している人たちが多くいます。単身で暮らすのに不安を抱える高齢者が増加する一方で、他人でもよいから同居してくれる誰かを望むひとり親が多くいます。

もっと話を広げれば、望まない妊娠によって中絶を選択する人が多くいる一方で、不妊に悩み精神的に追い込まれながら治療を続ける人が多くいます。いろいろなミスマッチがあります。

こうしたミスマッチを解消するためにも、従来の「常識」や「かたち」にとらわれずに、人々が持っている資源の「不足」と「過剰」に焦点をあてて、ニーズに基づいて柔軟に人と人とがつながっていけるような仕組みを構築していくことが大事です。「私なんて何の取柄もなくて……」と思う人も多いと思いますが、例えば、一人暮らしの高齢者にとってみれば、「自転車に乗ってちょっと遠くまで買い物ができる」ことが生活にとって大きなメリットになることだってあるのです。

本書でこれまで見てきたのは、家族として生活するための権利や責任を「一式パッケージ」として結婚にだけ押し込むことの限界です。個人と個人が相互にケアする関係に多様な選択肢を与えることが重要だと思います。

†グラデーションのある制度へ

再びフランスの例をあげます。

フランスではカップルの法的関係には婚姻とPACS、内縁（自由結合）の3種類が用意されています（大島梨沙「フランスにおけるカップル形成と法制度選択」）。

必ずしも婚姻関係を望まない人々にPACSは多様な動機で使用されており、税制上の優遇を得るなど共同生活に必要な法的効果を得るために使用されます。

内縁（自由結合）は、婚姻やPACSよりも法的拘束の少ない「単に共同生活を送っている事実があるカップル」という位置づけで、国家に届けることに意味を感じないカップルに選ばれます。

いずれの形態を選んでも、社会保険や居住保障などカップルに関する最低限の保障が認められています。カップルが育てる子どもの地位と子どもに関する社会保障については、親がいずれの形態を選択していても同じ取り扱いとなります。

私はこのようなグラデーションのある制度設計が理想的であると考えます。

今日では、個々人の生活上のニーズが実に多様化しており、さまざまな関係のあり方を望む人がいます。

結婚制度だけに権利を束ねることの限界が露呈されており、多様な制度を設けることで結婚を関係のさまざまな選択肢のひとつとして、脱中心化していくべきだと思います。

多様化・流動化する社会において、個々人の多様な事情とニーズがあり、これに応じる受け皿（制度的なつながりの選択肢）が用意されることが重要です。

6　おわりに

以上述べてきたような、多様な関係に制度的な保障を認めるべきだ、という主張に懸念を覚える人は多いと思います。

ますます結婚しない人が増えてしまうのではないか。ますます子どもが生まれなくなるのではないか――。

しかしまず、すでに現在の日本の法律や制度こそがまさにこうした事態をもたらしているという現実を直視すべきでしょう。海外の事情を見てみると、法制度を柔軟に変え、いろいろな支えあう関係の受け皿を認めることで家族を維持していることが見えてきます。

とはいえ、ここで私は、規制を取っ払って「何でもあり」を推奨しようというわけではありません。

†家族の働きに注目する

現行の結婚制度や家族制度を批判することは大事なことですが、同時に、それが果たしてきた機能を無視するわけにはいきません。「産湯とともに赤子を流す」ことにならぬよう、これまで結婚制度が担ってきた機能についても十分に目を向けなければなりません。

結婚制度の廃止を主張するという点で、急進的な印象の強いファインマンの主張ですが、そのなかで興味深いと思うのは、ファインマンが法的な「結婚」を否定しながらも「家族」を否定していないという点です。

彼女は、「多くの社会目標の達成に法的結婚が必要ないというのは、そのための家族の働きを全部否定することではない」として、「家族という社会的・法的カテゴリーが、中核に結婚関係があるかないかに依存してはいけないという意味である」（マーサ・A・ファインマン『ケアの絆』）と述べています。

そして、出産や育児といった子どもをめぐる再生産については、「明らかに重要な社会的利益」であり、「私たちが本当に子どもの福祉に配慮するなら、オルターナティブな関係にも結婚と同様に社会的な援助や支援を与える政策をめざすべき」だと述べています。「家族のかたち」にとらわれず「家族の働き」に注目せよ——。

単に結婚制度を解体すべきだ、という話を超えて、われわれはどのような関係性を尊重し、法的に保護していくべきかを考えることが重要です。

†家族のかたちは問わない

このことを考えるひとつの手がかりとして、最後に、「家庭教育に関する国際比較調査報告書」を紹介したいと思います。

この6カ国比較調査は、「子どもの将来の家族ライフスタイル」について、0〜12歳までの子どもをもつ親に意識をたずねた2005年の調査です（渡辺秀樹「家族意識の多様性」）。

表6－2は、調査対象者に対して「次のなかで、あなたのお子さん（0〜12歳の子ども）に将来してほしくない家族の生活を、いくつでも挙げてください」と質問した回答の結果を示しています（日本の親の回答で「子どもにしてほしくない」割合が多かった項目から順に

並んでいます)。

一目見てわかるのは、日本と韓国の親は子どもに「してほしくない」と思うことが多く、フランスとスウェーデンは少ないということです。

「同性愛カップルで生活する」は、日本は76・0%、韓国は96・5%と高い割合であるのに対し、フランスでは36・5%、スウェーデンでは32・2%です。

「婚姻届けをせずに同棲する」は、日本は45・9%、韓国では91・8%と非常に高いのに対し、フランスでは6・6%、スウェーデンでは7・0%とまったく抵抗がないことがわかります。

「血縁関係のない子を育てる」に関しても、日本26・0%、韓国64・6%に対し、フランス4・6%、スウェーデン3・4%ときわめて低い数値になっています。

つまり、この調査結果から、スウェーデンやフランスに比べると、日本と韓国では「家族はこうあるべきだ!」という規範的意識が強いことが見て取れます。

とはいえ、これは多くの人にとってある程度予想どおりの結果ともいえるのではないでしょうか。

注目すべきは次の点です。

(%)

	日本	韓国	タイ	アメリカ	フランス	スウェーデン
同性愛カップルで生活する	76.0	96.5	87.8	65.2	36.5	32.2
一生独身でいる	69.9	90.5	77.4	65.5	53.9	86.1
子どもがいて離婚する	69.0	92.9	74.7	61.2	27.1	51.1
未婚で子どもを持つ	62.3	93.5	66.0	61.6	5.1	17.6
子どもを持たない	60.5	87.1	69.2	57.9	53.4	67.3
仕事の関係で夫婦が別居	47.7	75.1	66.1	60.8	22.2	35.9
婚姻届けをせずに同棲する	45.9	91.8	70.9	45.4	6.6	7.0
子どもを連れて再婚する	33.1	79.1	63.5	22.7	4.4	15.3
血縁関係のない子を育てる	26.0	64.6	69.5	6.2	4.6	3.4
配偶者の親との同居	14.8	43.4	35.4	50.4	42.7	68.9
自分との同居	14.6	41.8	23.0	49.6	41.8	74.2
1つもない	5.0	-	3.9	10.5	17.1	3.6
無回答	0.2	0.5	-	2.0	-	-

6-2　将来子どもにしてほしくない家庭生活像（独立行政法人国立女性教育会館「平成 16 年度・17 年度 家庭教育に関する国際比較調査報告書」より）

スウェーデンの親の多くが、子どもにしてほしくないこととして、「一生独身でいる」や「子どもを持たない」と回答していることです。スウェーデンの「一生独身でいる」は、6カ国中で最も高い86・1％です。フランスも、他の項目に比べるとふたつの項目が高い数値となっています。

この結果はやや意外です。ライフスタイルの自由を尊重するスウェーデンやフランスでは、子どもを持つのも持たないのも自由だし、シングルで生きることにも肯定的な人が多いのではないかと予想してしまいます。

しかし、「一生独身でいる」と「子どもを持たない」のふたつだけは「子どもにしてほしくない」と考える人が多いのです。

ただし、ここで重要なのは、そのパートナー関係は、必ずしも法律婚である必要はなく、同棲でも、同性どうしのカップルでも、再婚のパートナーでもよいというわけです。子どもを持つことについても、それは婚外子でも、養子や里子のような血縁関係のない子どもでもよいと考えているのです。

すなわち、誰か特別なパートナーと支えあって暮らすことや、子どものケアに携わることに非常に高い価値を置いている。

けれども、その「かたち」は問わないのです。

†結婚の常識を疑う

この調査結果は示唆に富んでいるように思います。人が生きていくうえで、そして、社会が維持されるために、特別な誰かと支えあう関係や子どもをケアすることには重要な価値があると思います。

もちろん、ここでいう子どものケアを、家庭で直接世話することに限定する必要はありません。制度によって、子どもを持たない人も租税を通じて正当に次世代の再生産に関与することはできるのです。

子育て支援の議論は、しばしば子どもを持つ人と持たない人の分断を生み出してしまうこともあります。

今も、少子化対策や子育て支援、未婚化対策などが話題になっており、そこにはさまざまな分断や、批判の応酬がみられます。

「結婚している人を支援すれば、独身の人が損をする」「子どもを持つ人を優遇すれば、子どもを持たない人が損をする」「女性の権利を認めれば男性が損をする」などなど……。

しかし、実はわれわれは、自分にとって何が本当に「得」であり何が「損」であるのか、必ずしも正確に理解できてはいないように思います。われわれを縛っている損得勘定の常識を問いなおすことが重要です。

例えば、社会学者のジェニファー・グラスらは、OECD22カ国の分析から、子育て支援などワークライフバランス施策が充実している国ほど、子どもを持つ親の幸福度が高いことはもちろんのこと、子どもを持たない人たちの幸福度も高くなることを明らかにしています（Glass et al. "Parenthood and Happiness"）。

ケアを幅広く対等に分担できる社会制度を構築することによって、はじめて個々人の自由なライフスタイルが可能になるという視点が重要です。

われわれを縛っている損得をめぐるゼロサムゲームの枠組みを脱することが建設的な議論のために必要だと思います。異性愛の結婚が社会の中心に位置づけられている現在の社会を問いなおすことで、われわれの損得をめぐる境界線がずいぶん違ったものに変わっていくはずです。

現在の結婚制度を否定することや多様性を尊重することは、関係に関する規制をすべて取っ払って何でもすべて個人の自由にすればよい、ということを主張するものではありません。規制をなくせば、個人が自由に幸福に生きられるというわけではありません。

結婚をめぐる「常識」を疑い、現状の結婚を解体していくことは、けっして人が特別な誰かと支えあう関係の重要性を否定するものではありません。当然、子どもの出生やケアを軽視するものでもありません。

われわれが生きていくうえで、そして、社会を維持するうえで欠くことのできない関係性を最大限に尊重しながら、それをどのように再編成していくかを問うことなのです。

あとがき

昨年、一般社団法人Famieeの代表・内山幸樹さんにお招きいただき、講演の機会を得ました。多くの気づきを得る貴重な機会になりましたが、パネルディスカッションの際、航空会社にお勤めの方から頂戴したコメントが印象に残りました。

自分たちの会社では、顧客が貯めたマイルのサービス適用範囲が「家族」に限定されている。しかし、よくよく考えてみると、なぜ家族に限定しているのか、「その根拠は？」と問われれば実はよくわからない気もする。企業の立場からすれば、顧客が譲りたいと思っている相手であれば誰に譲ったとしても、会社の不利益になるわけではない。実際、海外の多くの航空会社ではそうなっている。けれども、なんとなく家族に限定しておかないと不安で、危ないような気がしてしまうのもまた事実。私たちはこういう思い込みに縛られているのかもしれない——。

ざっとこのようなお話でした。

私は企業の事情を知る人間ではありませんし、この規定には十分に合理性があるかもしれないので、ここで何かを批判したり助言しようという意図はありません。

単純に、このような「気づき」が生まれたことをうれしく思いました。

「今までのやり方ではやっていけない」ということが、社会のいたるところで露呈しているように思います。

1955年のおおよその平均寿命は男性63歳、女性67歳でした。2023年現在は男性81歳、女性87歳です。女性の大学進学率は、1984年にはわずか12・7％だったのが、2023年現在では約56％です。

このような例をあげればきりはありませんが、単純な話、社会の実態がこれほど大きく変わっているなか、同じ法律や制度のままでやっていてはうまくいかないことは明らかだと思います。

「弟が家事を手伝っていたら「男がそんなことするな！」と父親にぶん殴られました」とか、「女子は勉強なんてしていると叱られるからこっそり勉強していました」（いずれも私が調査で実際に聞いた話です）などという時代と現在とで、まったく同じ価値観で社会を動かそうとしてもうまくいかないのは当然だと思います。

序章にも記したように、私たちを縛っている結婚をめぐる常識を問いなおすことが、停滞した状況を打破することにつながります。

本書が、われわれが新たな時代の人間関係やつながりを構想するための一助になればと願っています。

＊

筑摩書房の柴山浩紀さんから最初に「結婚の社会学」というタイトルで新書の執筆を打診された際、とっさに返した言葉は「自分では絶対思いつかないタイトルです」だったと記憶しています。より正確に言うなら、そんな大胆なタイトルをつける勇気が私にはない、という感じでしょうか。

とはいえ、一瞬面喰らったあと、すぐに自分のなかに構想が広がりワクワクしてきたのもたしかです。「結婚の社会学」という自由なタイトルだからこそできること、自分が書きたいことを書いてみる、というチャレンジに胸が躍ったことを覚えています。

正直に白状すれば、このタイトルが執筆するうえで足かせになった時期もありました。序章でも述べたように、本書が結婚に関する社会学のエッセンスをすべて網羅しているわけではありません。

あとがきを書いている今現在も、この話を入れなくてよいのか、あの話を入れなくてよかったのかと、完全に迷いがぬぐえたとは言えません。

自分の専門領域とは少し外れるテーマについては自分が偉そうに語ってよいのかと悩む部分もありました。本書で扱うそれぞれのテーマには、すでに専門の研究者によって優れた研究の蓄積があり、本書はそうした先行研究に多くを負っているため、どこまでの内容を盛り込むべきか迷うことも多々ありました。

ただ、研究も「分業」です。「自分は自分ができることをやればよい」と、ある意味開き直ることでなんとか書き進めることができました。

特に、「結婚の社会学」というタイトルだからこそできるポジティブな可能性を活かそうと思いました。

「結婚の社会学」というタイトルに惹かれ本書を手にとった方のなかには、未婚化や晩婚化の原因についての話を期待する人もいれば、少子化対策の手がかりを求める人もいるかと思います。ほかにも、子育ての話や夫婦関係に関する話題を期待する人など、さまざまな人がいるのではないかと思います。

この「入口の広さ」を好機だと考えることにしました。つまり、これまで結婚をめぐる歴史とか、事実婚や夫婦別姓、同性婚、ステップファミリーといったテーマまではあまり知らなかった、あるいは、関心を持っていなかった人が、本書を通して初めて知ることになればそれは意義のあることではないかと考えたのです。

このタイトルで出版することのメリットを活かし、多くの人に知っておいてほしいと思うことを盛り込むことにしました。

長年同じような研究をしていると、自分一人では、何が当たり前の話で何がそうではない話なのかよくわからなくなる、というのが「研究者あるある」ではないかと思います。最近、私も研究者以外の方々の前でお話をする機会が少しずつ増え、歴史的な話や社会学の話に対して「知らなかった！」とか「その話はもっと世の中に知られないといけないですね」と言ってもらえる機会が多かったことも、本書を書くモチベーションになりました。

各章はさまざま異なるテーマで書かれていますが、執筆をしながらあらためて思ったのは、「すべてつながっている」ということです。どのような目的や期待から本書を手にとった方にも、なにかしら役立つことになればうれしく思います。

＊

本書執筆のご依頼をくださった筑摩書房の柴山浩紀さんに心より感謝申し上げます。私の怠慢ゆえ大幅に刊行が遅れ大変なご迷惑をおかけしましたが、常に的確なコメントと励ましでサポートしてくださり、なんとか完成までこぎつけることができました。

本書は、これまでご指導くださった先生方、先輩・同輩・後輩、家族、友人、調査にご協力いただいた方々、私の講義を受講した学生たち、同僚の先生方や助手の方々など、多くの人たちのサポートのなかで完成しました。

特に、本書の執筆作業は、恩師である渡辺秀樹先生からの影響や恩恵の大きさをあらためて思い起こす機会となりました。この場を借りて厚く御礼申し上げます。

２０２４年２月　　阪井裕一郎

読書案内

さらに学びを深めたい方のための文献リストです。章ごとに関連する文献をピックアップしました。

第１章「結婚の近代史」に関連する本

●柳田国男『婚姻の話』岩波文庫、２０１７
かつて日本社会に存在した多様な婚姻習俗、それが近代化のなかでどう変わっていったのかを知ることができる。まさにわれわれの常識を覆す民俗学の名著。

●川島武宜『結婚』岩波新書、１９５４

●磯野誠一・磯野富士子『家族制度――淳風美俗を中心として』岩波新書、１９５８

●**鹿野政直『戦前・「家」の思想』創文社、1983**

家制度と結婚について詳しく知るには、この3冊をお薦めしたい。私にとってはバイブル的な文献であり、読み返すたびに新しい発見がある。

●**赤松啓介『夜這いの民俗学・夜這いの性愛論』ちくま学芸文庫、2004**

前近代のムラに存在した「夜這い」「筆おろし」など、われわれの性をめぐる常識が覆される民俗学の書。度肝を抜かれること間違いなし。

●**加藤秀一『〈恋愛結婚〉は何をもたらしたか——性道徳と優生思想の百年間』ちくま新書、2004**

恋愛結婚の普及とともに台頭した優生思想の展開を学ぶにはこの1冊をお薦めしたい。近代日本における結婚観と性道徳の現実を豊富な資料から明らかにする。

第2章「結婚の現代史」に関連する本

●落合恵美子『21世紀家族へ――家族の戦後体制の見かた・超えかた〔第4版〕』有斐閣選書、2019

戦後日本における家族と女性について学ぶには、この1冊から。「家族の戦後体制」、「女性の主婦化」といった命題は、家族社会学研究に大きな影響を及ぼした。

●下夷美幸『日本の家族と戸籍――なぜ「夫婦と未婚の子」単位なのか』東京大学出版会、2019

戸籍とは何か、何が問題なのかを学ぶにはこの1冊。戸籍の法制化をめぐる回顧談や新聞記事といった多彩な資料から、戸籍と家族の関係を問う。

●大沢真知子『21世紀の女性と仕事』左右社、2018

戦後における「女性と仕事」について、労働や教育、企業など多角的な視点から学ぶことができる、お薦めの入門書。豊富なデータや先進企業の実践例もありがたい。

●アンソニー・ギデンズ『親密性の変容――近代社会におけるセクシュアリティ、愛情、エロティシズム』松尾精文・松川昭子訳、而立書房、1995

世界的な社会学者ギデンズによる親密性論。「ロマンティック・ラブからコンフルエント・ラブへ」、「純粋な関係性」といった概念は、社会学に大きなインパクトをもたらした。

●稲葉昭英・保田時男・田渕六郎・田中重人編『日本の家族 1999-2009 全国家族調査［NFRJ］による計量社会学』東京大学出版会、2016

日本における家族の実態を適切に把握するためにはこの1冊。日本家族社会学会による「全国家族調査（NFRJ）」のデータを用い、一級の専門家たちが計量社会学的に分析した論文集。

●浜日出夫『戦後日本社会論――「六子《むつこ》」たちの戦後』有斐閣、2023

戦後日本とはいかなる社会だったのか。その変遷と全体像を把握するにはこの1冊をお薦めしたい。家族や結婚、就労に関する豊富なデータ資料も参考になる。

第３章「離婚と再婚」に関連する本

●湯沢雍彦『明治の結婚　明治の離婚――家庭内ジェンダーの原点』角川選書、２００５

初めてこの本を読んだとき「目から鱗」の連続だった。明治時代の離婚はもちろん、近代化のプロセスで家族と結婚がどのように姿を変えていったかを体系的に把握できる。

●赤石千衣子『ひとり親家庭』岩波新書、２０１４

ひとり親家庭が置かれている状況・問題を学ぶうえで、必読の１冊。長く現場でひとり親支援に携わってきた著者だからこそ、その主張には説得力がある。

●野沢慎司・菊地真理『ステップファミリー――子どもから見た離婚・再婚』角川新書、２０２１

本書のステップファミリーに関する記述の多くは、野沢慎司先生と菊地真理先生の研究・文献に負っている。エッセンスがわかりやすくまとめられた本書をお薦めしたい。

●葛西リサ『母子世帯の居住貧困』日本経済評論社、2017

住居問題を軸に、母子施策の問題点と解決案を提示する書。著者による20年に及ぶフィールドワークの集大成。シングルマザーの共同生活など新たな実践を知ることもできる。

第4章「事実婚と夫婦別姓」に関連する本

●善積京子『〈近代家族〉を超える――非法律婚カップルの声』青木書店、1997

事実婚をはじめ、非法律婚のパートナー関係に関する家族社会学の先駆的な研究。非法律婚カップルの実態について知るための基本文献。

●杉浦郁子・野宮亜紀・大江千束編『パートナーシップ・生活と制度［増補改訂版］』緑風出版、2016

事実婚や同性パートナーをめぐる各国の制度を分かりやすく解説した本書は、この分野について学ぶ際の必携の1冊。

●栗田路子・冨久岡ナヲ・プラド夏樹・田口理穂・片瀬ケイ・斎藤淳子・伊東順子『夫婦別姓――家族と多様性の各国事情』ちくま新書、2021

夫婦の姓をはじめ、世界の結婚や家族をめぐる現状をコンパクトながら、深く学ぶことができる。選択的夫婦別姓制度について議論するうえでも必読の書。

●ジェンダー法政策研究所編『選択的夫婦別姓は、なぜ実現しないのか？――日本のジェンダー平等と政治』花伝社、2022

●榊原富士子・寺原真希子編『夫婦同姓・別姓を選べる社会へ――わかりやすいQ&Aから訴訟の裏側まで』恒春閣、2022

選択的夫婦別姓の議論や裁判ではいったい何が問題になっているのか。何が法制化を阻むのか。具体的にどのような法案があるのか。多角的に学びたい人はぜひこの2冊を。

第5章「セクシュアル・マイノリティと結婚」に関連する本

●**河口和也・風間孝『同性愛と異性愛』岩波新書、2010**

まずはこの1冊から。2010年時点では、同性愛について体系的に学ぶことのできる日本語の書籍はまだ少なく、私は本書から多くを学んだ。同性愛をめぐる歴史から理論まで、わかりやすく学ぶことができる名著。

●**石田仁『はじめて学ぶLGBT――基礎からトレンドまで』ナツメ社、2019**

セクシュアル・マイノリティに関わる基本概念から歴史、当事者が置かれている状況、調査結果など、重要なテーマをくまなく網羅した必携の書。

●**森山至貴『LGBTを読みとく――クィア・スタディーズ入門』ちくま新書、2017**

LGBTを取り巻く問題を幅広く理解できるだけでなく、ジェンダー研究やクィア・スタディーズの入門書としても最適な1冊。

●谷口洋幸・綾部六郎・池田弘乃編『セクシュアリティと法——身体・社会・言説との交錯』法律文化社、2017

セクシュアリティをめぐる法学研究の基本テキスト。さまざまな視点からセクシュアリティと法の関係を考えることのできる重要文献。

●風間孝・河口和也・守如子・赤枝香奈子『教養のためのセクシュアリティ・スタディーズ』法律文化社、2018

性的マイノリティの権利獲得の歴史やクィア理論など、セクシュアリティ研究の動向がよくわかる。

●アンジェラ・チェン『ACE——アセクシュアルから見たセックスと社会のこと』羽生有希訳、左右社、2023

「他者に性的に惹かれない」というアセクシュアルの視点から、「強制的性愛」社会に疑問を突きつける。100名の当事者へのインタビューにもとづく刺激的な1冊。

終章「結婚の未来」に関連する本

●エリザベス・ブレイク『最小の結婚――結婚をめぐる法と道徳』久保田裕之監訳、白澤社、2019

結婚とは何かを哲学的に徹底的に問う。性愛や二者関係にとらわれない、ケア関係を保障するための枠組みとして「最小結婚」を提唱する。結婚の未来を考えるには必読の書。

●植村恒一郎・横田祐美子・深海菊絵・岡野八代・志田哲之・阪井裕一郎・久保田裕之『結婚の自由――「最小結婚」から考える』白澤社、2022

ブレイクの『最小の結婚』をもとに、哲学・文化人類学・政治学・社会学の研究者7人が「結婚の自由」に関して議論を展開している論集。『最小の結婚』の解説書としても使える。

●岡野八代『ケアの倫理――フェミニズムの政治思想』岩波新書、2024

ケアを学ぶにはこの1冊を。ギリガン、ファインマン、キテイ、トロントなど、今注目されるケアをめぐる倫理や思想、理論を網羅した、まさに決定版。

参考文献

アーネ、ユーラン&ロマーン、クリスティーン『家族に潜む権力――スウェーデン平等社会の理想と現実』日本・スウェーデン家族比較研究会／友子・ハンソン訳、青木書店、2001
青野慶久『「選択的」夫婦別姓――IT経営者が裁判を起こし、考えたこと』ポプラ新書、2021
青山薫「「愛こそすべて」――同性婚／パートナーシップ制度と「善き市民」の拡大」『ジェンダー史学』第12号、2016
赤石千衣子『ひとり親家庭』岩波新書、2014
赤松啓介『夜這いの民俗学・夜這いの性愛論』ちくま学芸文庫、2004
阿部彩『子どもの貧困――日本の不公平を考える』岩波新書、2008
有地亨『近代日本の家族観　明治篇』弘文堂、1977
有賀喜左衛門『家と親分子分』（『有賀喜左衛門著作集』Ⅸ）未來社、1970
石田あゆう『ミッチー・ブーム』文春新書、2006
石田雄『明治政治思想史研究』未來社、1954
石田仁『はじめて学ぶLGBT――基礎からトレンドまで』ナツメ社、2019
磯野誠一「明治民法の変遷」中川善之助ほか編『家族問題と家族法第一巻――家族』酒井書店、1957
磯野誠一・磯野富士子『家族制度――淳風美俗を中心として』岩波新書、1958
伊藤美登里『ウルリッヒ・ベックの社会理論――リスク社会を生きるということ』勁草書房、2017
井戸田博史「戦前の「家」制度と夫婦の氏」増本敏子・久武綾子・井戸田博史『氏と家族――氏〔姓〕とは何か』大蔵省印刷局、1999

井戸田博史『夫婦の氏を考える』世界思想社、2004
井上俊『死にがいの喪失』筑摩書房、1976
井上章一『美人論』朝日文庫、1995
岩澤美帆・三田房美「職縁結婚の盛衰と未婚化の進展」『日本労働研究雑誌』第47巻1号、2005
上野千鶴子「「恋愛結婚」の誕生」『結婚』(東京大学公開講座第60巻)東京大学出版会、1995
上野千鶴子『家族を容れるハコ 家族を超えるハコ』平凡社、2002
植村恒一郎・横田祐美子・深海菊絵・岡野八代・志田哲之・阪井裕一郎・久保田裕之『結婚の自由——「最小結婚」から考える』白澤社、2022
梅棹忠夫「出雲大社——日本探検7」『中央公論』第76巻1号、1961
SAJ(Stepfamily Association of Japan)「ステップファミリーを育むための基本知識」https://saj-stepfamily.org/booklet-for-stepfamily-20/(最終閲覧2024年2月22日)
SAJ・野沢慎司編『ステップファミリーのきほんをまなぶ——離婚・再婚と子どもたち』金剛出版、2018
エスピン-アンデルセン、イエスタ『アンデルセン、福祉を語る——女性・子ども・高齢者』林昌宏訳、NTT出版、2008
エスピン-アンデルセン、イエスタ『平等と効率の福祉革命——新しい女性の役割』大沢真理監訳、岩波現代文庫、2022
大沢真知子『21世紀の女性と仕事』左右社、2018
大島梨沙「フランスにおけるカップル形成と法制度選択」平井晶子・床谷文雄・山田昌弘編『家族研究の最前線②——出会いと結婚』日本経済評論社、2017
落合恵美子『21世紀家族へ——家族の戦後体制の見かた・超えかた[第4版]』有斐閣選書、2019

オルソン、セオドア「保守本流の弁護士たる私が同性婚の権利を守るために戦う理由」『ニューズウィーク〈日本版〉』2010年2月3日号
尾脇秀和『氏名の誕生――江戸時代の名前はなぜ消えたのか』ちくま新書、2021
風間孝「同性婚のポリティクス」『家族社会学研究』第14巻2号、2003
加藤秀一『〈恋愛結婚〉は何をもたらしたか――性道徳と優生思想の百年間』ちくま新書、2004
鹿野政直『戦前・「家」の思想』創文社、1983
鎌田久子・宮里和子・菅沼ひろ子・古川裕子・坂倉啓夫『日本人の子産み・子育て――いま・むかし』勁草書房、1990
河口和也・風間孝『同性愛と異性愛』岩波新書、2010
川島武宜『結婚』岩波新書、1950
川島武宜『日本社会の家族的構成』岩波現代文庫、2000
キスレフ、エルヤキム『「選択的シングル」の時代――30カ国以上のデータが示す「結婚神話」の真実と「新しい生き方」』舩山むつみ訳、文響社、2023
ギデンズ、アンソニー『親密性の変容――近代社会におけるセクシュアリティ、愛情、エロティシズム』松尾精文・松川昭子訳、而立書房、1995
近世女性史研究会編『江戸時代の女性たち』吉川弘文館、1990
葛西リサ『母子世帯の居住貧困』日本経済評論社、2017
久保田裕之『他人と暮らす若者たち』集英社新書、2009
久保田裕之「近代家族の空間配置――生権力論のなかの「家族」」檜垣立哉編『生権力論の現在――フーコーから現代を読む』勁草書房、2011
久保田裕之「ホームシェア」比較家族史学会編『現代家族ペディア』弘文堂、2015

熊谷苑子「結婚の社会的承認――仲人に焦点をあてて」熊谷苑子・大久保孝治編『全国調査「戦後日本の家族の歩み」（NFRJ-S01）第2次報告書：コーホート比較による戦後日本の家族変動の研究』2005
栗田路子・冨久岡ナヲ・プラド夏樹・田口理穂・片瀬ケイ・斎藤淳子・伊東順子『夫婦別姓――家族と多様性の各国事情』ちくま新書、2021
ケヴルズ、ダニエル『優生学の名のもとに――「人類改良」の悪夢の百年』西俣総平訳、朝日新聞社、1993
国立女性教育会館編『平成16年度・17年度 家庭教育に関する国際比較調査報告書』国立女性教育会館、2006
阪井裕一郎「「独身者」批判の論理と心理――明治から戦時期の出版物をとおして」椎野若菜編『境界を生きるシングルたち』人文書院、2014
阪井裕一郎「家族の友人化／友人の家族化」比較家族史学会編『現代家族ペディア』弘文堂、2015
阪井裕一郎「多様化するパートナーシップと共同生活」永田夏来・松木洋人編『入門 家族社会学』新泉社、2017
阪井裕一郎『仲人の近代――見合い結婚の歴史社会学』青弓社、2021
阪井裕一郎『事実婚と夫婦別姓の社会学［改訂新版］』白澤社、2022
阪井裕一郎「婚姻制度の廃止か、改革か？――パートナー関係への国家介入について」植村恒一郎ほか『結婚の自由――「最小結婚」から考える』白澤社、2022
阪井裕一郎「「仲人」からマッチングアプリへ。マッチメーカーの近現代史から、パートナーシップのこれからを考える」De-Silo（https://desilo.substack.com/p/yuichiro-sakai-matchmaker）2023
阪井裕一郎「マッチングアプリは「家族」を変えるか」『Voice』2023年12月号
阪井裕一郎「家族とライフコース」松本康監修、小池靖・貞包英之編『社会学の基礎』有斐閣、2024

志田基与師『平成結婚式縁起――いまどきウエディングじじょう』日本経済新聞社、1991
柴田悠『子育て支援と経済成長』朝日新書、2017
下夷美幸『日本の家族と戸籍――なぜ「夫婦と未婚の子」単位なのか』東京大学出版会、2019
杉浦郁子・野宮亜紀・大江千束編『パートナーシップ・生活と制度［増補改訂版］』緑風出版、2016
杉浦浩美『働く女性とマタニティ・ハラスメント――「労働する身体」と「産む身体」を生きる』大月書店、2009
杉本鉞子『武士の娘』大岩美代訳、ちくま文庫、1994
鈴木賢「異性愛主義に空いた風穴――自治体パートナーシップ制度の広がりと婚姻平等への展望」『女も男も』第139号、2022
瀬川清子『若者と娘をめぐる民俗』未來社、1972
関口裕子・服藤早苗・長島淳子・早川紀代・浅野富美枝『家族と結婚の歴史』森話社、1998
曽田多賀・紙子達子・鬼丸かおる編『内縁・事実婚をめぐる法律事務』新日本法規、2013
袖井孝子『日本の住まい変わる家族――居住福祉から居住文化へ』ミネルヴァ書房、2002
高梨公之『名前のはなし』東書選書、1981
橘木俊詔・迫田さやか『離婚の経済学――愛と別れの論理』講談社現代新書、2020
谷口洋幸・綾部六郎・池田弘乃編『セクシュアリティと法――身体・社会・言説との交錯』法律文化社、2017
田村哲樹「親密圏における熟議／対話の可能性」田村哲樹編『政治の発見5――語る熟議／対話の政治学』風行社、2010
チェン、アンジェラ『ACE――アセクシュアルから見たセックスと社会のこと』羽生有希訳、左右社、2023

筒井淳也『結婚と家族のこれから――共働き社会の限界』光文社新書、2016
藤間公太「ひとり親として日本社会をどう生きるか」西村純子・池田心豪編『社会学で考えるライフ&キャリア』中央経済社、2023
ドーア、ロナルド『イギリスの工場・日本の工場――労使関係の比較社会学（上下巻）』山之内靖・永易浩一訳、ちくま学芸文庫、1993
豊田武『苗字の歴史』中公新書、1971
中井治郎『日本のふしぎな夫婦同姓――社会学者、妻の姓を選ぶ』PHP新書、2021
長津美代子・小澤千穂子編『改訂 新しい家族関係学』建帛社、2018
中村香住「クワロマンティック宣言――「恋愛的魅力」は意味をなさない!」『現代思想』2021年9月号
中山太郎『日本若者史』日文社、1956
西川祐子『住まいと家族をめぐる物語――男の家、女の家、性別のない部屋』集英社新書、2004
西山夘三『これからのすまい――住様式の話［復刻版］』相模書房、2011
二宮周平『事実婚を考える――もう一つの選択』日本評論社、1991
野沢慎司「ステップファミリーと家族変動――家族の下位文化と制度」牟田和恵編『家族を超える社会学――新たな生の基盤を求めて』新曜社、2009
野沢慎司・菊地真理『ステップファミリー――子どもから見た離婚・再婚』角川新書、2021
ハーシュマン、アルバート・O『離脱・発言・忠誠――企業・組織・国家における衰退への反応』矢野修一訳、ミネルヴァ書房、2005
浜日出夫『戦後日本社会論――「六子」たちの戦後』有斐閣、2023
姫岡勤「婚姻の概念と類型」大橋薫・増田光吉編『改訂 家族社会学――現代家族の実態と病理』川島書

店、1976
ファインマン、マーサ・A『ケアの絆――自律神話を超えて』穐田信子・速水葉子訳、岩波書店、2009
福田利子『吉原はこんな所でございました――廓の女たちの昭和史』ちくま文庫、2010
福武直『日本の農村』東京大学出版会、1971
服藤早苗監修『歴史のなかの家族と結婚――ジェンダーの視点から』森話社、2011
フロイス、ルイス『ヨーロッパ文化と日本文化』岡田章雄訳注、岩波文庫、1991
ブレイク、エリザベス『最小の結婚――結婚をめぐる法と道徳』久保田裕之監訳、白澤社、2019
不破麻紀子「同棲経験者の結婚意欲」佐藤博樹・永井暁子・三輪哲編『結婚の壁――非婚・晩婚の構造』勁草書房、2010
ベーコン、アリス『明治日本の女たち』矢口祐人・砂田恵理加訳、みすず書房、2003
ホブズボウム、エリック&レンジャー、テレンス『創られた伝統』前川啓治・梶原景昭ほか訳、紀伊國屋書店、1992
松信ひろみ編『近代家族のゆらぎと新しい家族のかたち〔第2版〕』八千代出版、2016
松原洋子「日本――戦後の優生保護法という名の断種法」米本昌平ほか『優生学と人間社会――生命科学の世紀はどこへ向かうのか』講談社現代新書、2000
三浦展『あなたの住まいの見つけ方――買うか、借りるか、つくるか』ちくまプリマー新書、2014
右田裕規「戦前期「大衆天皇制」の形成過程――近代天皇制における民間マスメディアの機能の再評価」『ソシオロジ』第47巻2号、2002
見田宗介『現代日本の感覚と思想』講談社学術文庫、1995
宮坂靖子「夫婦の関係――結婚の脱制度化」石川実編『現代家族の社会学――脱制度化時代のファミリ

ー・スタディーズ』有斐閣、1997
目黒依子・柴田弘捷「企業主義と家族」目黒依子・渡辺秀樹編『講座社会学2 家族』東京大学出版会、1999
森岡清美『華族社会の「家」戦略』吉川弘文館、2002
森永貴彦『LGBTを知る』日経文庫、2018
森山至貴『LGBTを読みとく——クィア・スタディーズ入門』ちくま新書、2017
矢澤澄子「ジェンダーと都市居住」早川和男ほか編『講座現代居住2 家族と住居』東京大学出版会、1996
柳田國男『明治大正史世相篇〔新装版〕』講談社学術文庫、1993
柳田国男『婚姻の話』岩波文庫、2017
山川菊栄『武家の女性』岩波文庫、1983
山田昌弘『近代家族のゆくえ——家族と愛情のパラドックス』新曜社、1994
山田昌弘『結婚の社会学——未婚化・晩婚化はつづくのか』丸善、1996
山田昌弘『少子社会日本——もうひとつの格差のゆくえ』岩波新書、2007
苑復傑「戦後における高等教育進学と労働力参加」『放送教育開発センター研究報告』第91号、1996
湯沢雍彦『明治の結婚 明治の離婚——家庭内ジェンダーの原点』角川選書、2005
湯沢雍彦『大正期の家族問題——自由と抑圧に生きた人びと』ミネルヴァ書房、2010
湯沢雍彦・宮本みち子『新版 データで読む家族問題』日本放送出版協会、2008
善積京子『〈近代家族〉を超える——非法律婚カップルの声』青木書店、1997
リップマン、ウォルター『世論(上下巻)』掛川トミ子訳、岩波文庫、1987
リュープ、ゲイリー・P『男色の日本史——なぜ世界有数の同性愛文化が栄えたのか』藤田真利子訳、作

品社、2014
我妻榮編『戦後における民法改正の経過』日本評論社、1956
渡辺秀樹「現代日本のパートナーシップ——恋愛と結婚の間」柴田陽弘編『恋の研究』慶應義塾大学出版会、2005
渡辺秀樹「家族意識の多様性——国際比較調査に基づいて」『社会学年誌』第49号、2008
渡辺秀樹「置き去りにされる子どもたち」岩上真珠ほか『いま、この日本の家族——絆のゆくえ』弘文堂、2010
渡辺秀樹・近藤博之「結婚と階層結合」直井道子・岡本英雄編『現代日本の階層構造④ 女性と社会階層』東京大学出版会、1990
渡辺秀樹・西村純子・シム チュン・キャット・裵智恵「《座談会》コロナ・パンデミックを経た家族の変化——アジアの家族との比較を通して」『コミュニティ』第168号、2022

英語文献

Amato, P. R. and Alan Booth, 1997, *A Generation at Risk: Growing Up in an Era of Family Upheaval*, Harvard University Press.
Beck-Gernsheim, E., 2002, *Reinventing the Family: In Search of New Lifestyles*, Polity.
Casper, L. M. and S. M. Bianchi, 2002, *Continuity and Change in the American Family*, Sage Publications.
Cherlin, Andrew, 1978, "Remarriage as an Incomplete Institution," *American Journal of Sociology*, 84(3).
Cherlin, Andrew, 2004, "The Deinstitutionalization of American Marriage," *Journal of Marriage and Family*, 66: 848-861.

Ciabattari, Teresa, 2017, *Sociology of Families : Change, Continuity, and Diversity*, Sage Publications.

Glass, Jennifer, Robin W. Simon, and Matthew A Andersson, 2016, "Parenthood and Happiness : Effects of Work-Family Reconciliation Policies in 22 OECD Countries," *American Journal of Sociology*, 122 (3).

Illouz, Eva, 2007, *Cold Intimacies : The Making of Emotional Capitalism*, Polity.

Illouz, Eva, 2012, *Why Love Hurts : A Sociological Explanation*, Polity.

Komter, Aafke, 1989, "Hidden Power in Marriage," *Gender and Society*, 3(2).

Morgan, Patricia, 2000, *Marriage-Lite : The Rise of Cohabitation and Its Consequences*, Institute for the study of civil society.

Nazio, Tiziana, 2008, *Cohabitation, Family and Society*, Routledge.

Rhoades, Galena K. Scott M. Stanley, and Howard J. Markman, 2009, "The Pre-Engagement Cohabitation Effect : A Replication and Extension of Previous Findings," *Journal of Family Psychology*, 23(1).

〈事物索引〉

あ行

か行

さ行

た行

な行

は行

〈人名索引〉

あ行

か行

さ行

た行

な行

は行

ちくま新書
1789

結婚《けつこん》の社会学《しやかいがく》

二〇二四年四月一〇日 第一刷発行
二〇二四年九月一五日 第二刷発行

著者 阪井裕一郎（さかい・ゆういちろう）

発行者 増田健史

発行所 株式会社 筑摩書房
東京都台東区蔵前二-五-三 郵便番号一一一-八七五五
電話番号〇三-五六八七-二六〇一（代表）

装幀者 間村俊一

印刷・製本 株式会社 精興社

ISBN978-4-480-07614-4 C0236

ちくま新書

1775
商店街の復権
——歩いて楽しめるコミュニティ空間
広井良典編
コミュニティの拠点としての商店街に新たな注目が集まっている。国際比較の視点や公共政策の観点も盛り込み、未来の商店街のありようと再生の具体策を提起する。

1773
妻に稼がれる夫のジレンマ
——共働き夫婦の性別役割意識をめぐって
小西一禎
妻を支えるため、仕事を離れ主夫となった夫たち。収入も社会的地位も不安定になった彼らの胸の内は——。12人のインタビューから見る葛藤と新時代のキャリア。

1762
ルポ 歌舞伎町の路上売春
——それでも「立ちんぼ」を続ける彼女たち
春増翔太
買春客を待つ若い女性が急増したのはなぜか。当事者たちのほか、貢がせようとするホスト、彼女らを支援するNPO、警察などを多角的に取材した迫真のルポ。

1760
「家庭」の誕生
——理想と現実の歴史を追う
本多真隆
イエ、家族、夫婦、ホーム……。様々な呼び方をされるそれらをめぐる錯綜する議論を追うことで、これまで語られなかった近現代日本の一面に光をあてる。

1759
安楽死が合法の国で起こっていること
児玉真美
終末期の人や重度障害者への思いやりからの声がある一方、医療費削減を公言してはばからない日本の政治家やインフルエンサー。では、安楽死先進国の実状とは。

1756
ルポ 高学歴発達障害
姫野桂
エリートなのに仕事ができない——理解が得られにくい不条理に自身も発達障害者であるライターが、当事者、大学教員、精神科医、支援団体への取材を通じて迫る。

1741
報道弾圧
——言論の自由に命を賭けた記者たち
東京新聞外報部
新型コロナ発生を指摘して拘束、軍事機密をスクープしたら国家反逆罪で逮捕、政権批判で暗殺、スパイ容疑で死刑。むき出しの報道弾圧と戦う記者たちを描く。